読者限定

Trip

週末に行
小さな贅
自分だけの

ことりっぷ

日光・那須
栃木・益子

へ

ようこそ。

旅にいいこと、ことりがそっと
おとどけします。

日光・那須・栃木・益子に行ったら…

日光・那須・栃木・益子に着きました。

さて、なにをしましょうか？

神聖な雰囲気が漂う癒やしの街・日光。四季折々の那須の自然美にふれてみたり個性的な町を散策するのも魅力的です。

まず訪れたいのは、世界遺産・日光山内。日光東照宮をはじめ、きらびやかな彫刻や豪華な建造物に心奪われます。避暑地として人気の那須高原もはずせません。最近注目の鹿沼雑貨や、陶器や雑貨、カフェなど見どころの多い益子や黒磯散策も楽しいですよ。

徳川家康を祀る日光東照宮。極彩色の装飾やユニークさも感じる彫刻の数々に圧倒されます。P.18

check list

- ☐ 日光山内めぐり P.16~25
- ☐ 中禅寺湖さんぽ P.40
- ☐ 那須のおさんぽ P.60
- ☐ 那須のどうぶつ園 P.68
- ☐ 栃木市そぞろ歩き P.78
- ☐ 小京都足利街歩き P.82
- ☐ 鹿沼のお店めぐり P.88
- ☐ 宇都宮さんぽ P.92
- ☐ 益子自転車さんぽ P.104
- ☐

日本に西洋文化が入ってきた明治の趣が随所に残る日光金谷ホテル。クラシカルな調度品に心惹かれます。P.50

春は新緑、秋は紅葉。湖に面したウッドデッキから見る中禅寺湖の風景には、四季折々の美しさがあります。P.40

雰囲気のよいレストランやカフェ、雑貨店が集まる黒磯のまち。宝さがし気分でお店めぐりを楽しんで。P.72

かわいい陶器や雑貨、カフェがいろいろ。益子の人気スポットを自転車でめぐりましょう。P.104

日光・那須・栃木・益子に行ったら…

なにを食べましょうか？

和洋の料理で登場する名物のゆば、地元素材でつくる新しい郷土料理、名水が生み出す天然氷のかき氷も魅惑的。

日光といえばやはりゆば。落ち着いた和のお座敷で味わう店から手頃なカフェランチまでさまざま。夏には天然氷のかき氷もおすすめ。酪農がさかんな那須高原では、とろ〜り濃厚なチーズグルメが評判。また益子焼のうつわでいただくランチも格別です。

とろっとろの生ゆばがたっぷりのったどんぶり。温泉たまごと混ぜて召し上がれ〜。P.29

江戸期の料理本を参考に、地元食材と料理人の感性で生まれた新しい名物・とちぎ江戸料理。P.80

check list

- ☐ 日光の地元食材ランチ P.28
- ☐ 日光エリアのカフェ P.32
- ☐ 天然氷のかき氷 P.34
- ☐ 那須のパン&チーズ P.62
- ☐ 那須のカフェ &レストラン P.64
- ☐ とちぎ江戸料理 P.80
- ☐ 益子のランチ・カフェ P.110〜113
- ☐

なにを買いましょうか？

自分のためのおみやげに、ふだん使いできる益子焼を探しましょう。P.106

日光山内ではご利益を願ってお守りを。日光市街をめぐりながらスイーツをおみやげに。ぽってりかわいい益子焼もおすすめです。

おみくじを引いたり、お守りを選んだりするのも、日光山内での楽しみのひとつです。また市街を歩きながら、評判のチーズケーキも忘れずにチェックして。栃木県は、益子焼や鹿沼組子など、手工芸がさかんな土地柄。センスのよい工芸品を探してみるのもおすすめです。

日光市街にあるテイクアウト専門店、明治の館の名物レアチーズケーキをお持ち帰り♪ P.37

check list

- ☐ 門前町のおみやげ P.38
- ☐ お守り&おみくじ P.56
- ☐ 黒磯ショップめぐり P.72
- ☐ 益子のうつわ P.106
- ☐ 益子の個性派グッズ P.114
- ☐

今週末、1泊2日で日光へ

**電車を降りたら、路線バスで日光山内へ。
金谷ホテル歴史館や中禅寺湖畔まで足を運んで、
レトロモダンな日光を楽しめるプランをご紹介。**

世界遺産・日光の玄関です

1日め

9:20

東武日光駅へ到着。駅前からバスで日光山内を目指します。

9:30

駅からバスで5分、日光山内の入口にかかる**神橋** P.22へ。周囲の新緑や紅葉と調和した、朱色のアーチ型の橋です。

重厚感のある空間でゆったりランチ

10:30

世界遺産にも登録された、江戸時代の華麗な建築美にふれられる**日光東照宮** P.18～21へ。時間があれば、縁結びの木などの御神木がある**二荒山神社** P.22にも足をのばして。

12:30

日光金谷ホテルのメインダイニングルーム P.26でランチ。大正時代から続くオリジナルメニューをいただきます。

14:00

江戸から大正期の建築様式が残る、**日光田母沢御用邸記念公園** P.39で、美しい庭を見学しましょう。

静かな時間が過ごせます…

15:30

御用邸通りを散策。**日光甚五郎煎餅本舗 石田屋** P.38や**吉見屋** P.39でおみやげを見つけたら、**日光珈琲御用邸通** P.32でひと休みしましょう。

郵便局の風景印がモチーフのバッジも

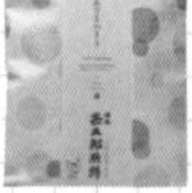

袋がかわいいおせんべい

17:00

バスでいろは坂を登り、**日光中禅寺湖温泉 ホテル花庵** P.54にチェックイン。地元野菜を使った夕食や温泉でくつろぎましょう。

2日め

9:30

華厳滝 P.40では滝壺近くから眺められるエレベーターへ。高さ97mの断崖から一気に流れ落ちる姿は圧巻。

虹が見えやすいのは
晴れた日の午前中

ベンチもあります

11:00

中禅寺湖 P.40では湖畔散策路をおさんぽしたり、ボートに乗るのもおすすめです。

12:00

霧降高原牛など栃木の食材が味わえる**La cuisine naturelle Café de Savoie** P.44でランチ。

13:30

外国人の避暑地として栄えた明治時代の面影が残る、**イタリア大使館別荘記念公園** P.42を見学。暖炉のある書斎で優雅な気分に。

14:00

徒歩で5分、**英国大使館別荘記念公園** P.43へ。こちらでは19世紀英国の雰囲気が味わえます。英国大使館のレシピを再現したアフタヌーンティーを楽しみましょう。

湖畔でのんびり
ティータイム

桟橋からの風景も
すてきです

そっぽを向いた
お猿さん

15:30

バスで神橋バス停へ。**にほんかし雲IZU 日光店** P.39の、猿をモチーフにしたかわいらしいスイーツを片手に、表参道を散策しながら駅まで向かいましょう。

小さな旅のしおり

今週末、1泊2日で那須へ

**1日めは黒磯の町歩きと、高原の動物とのふれあい、
2日めは森の中のアートをめぐります。
移動が多くなるので、駅でレンタカーを借りるのがおすすめです。**

1日め

10:30

新幹線で那須塩原駅に到着。レンタカーを借りておしゃれな黒磯の街へ向かいます。

レンタカー屋さんは、那須塩原駅の目の前にあります

11:00

アパートを改装したカフェ

日本のカフェブームの先駆けとも言われる**1988 CAFE SHOZO** **P.74**でカフェタイム。周辺にはおしゃれなショップが点在しているので、お気に入りのお店を見つけてみましょう。

12:30

自然のままの林に囲まれた、ナチュラルな雰囲気が魅力の、**Coppice GARDEN** **P.66**へ。

14:00

150種類の動物たちに会える、**那須どうぶつ王国** **P.68**へ。自然豊かで広々とした敷地を使ったバードパフォーマンスショーなど見どころいっぱい。広々とした高原には、モフモフのアルパカも暮らしていますよ。

珍しいスナネコにも会えますよ

静寂の森の中にある宿で癒やされましょう

16:00

豊かな那須高原の自然の中に佇むリゾート、**THE KEY HIGHLAND NASU** **P.70**に宿泊。オールインクルーシブの宿で、ゆったりした時間を過ごしましょう。

2日め

9:00

那須高原のシンボル茶臼岳の9合目まで、**国立公園那須ロープウェイ P.67**で向かいましょう。眼下に広がる雲海を見ることができるかもしれません。

梅雨時や秋の早朝に雲海が出やすいですよ

芳醇なチーズの香りにうっとり

11:30

チーズをふんだんに使った、チーズリゾットランチを**Licca P.63**で。目の前で仕上げてくれるので、見ていてるだけでも楽しめます。

オリジナルグッズはおみやげにぴったり

13:00

世界的アーティスト奈良美智の作品などを展示する、**N's YARD P.60**へ。展示室に設置してあるベンチに腰掛けてゆっくり鑑賞しましょう。

ドイツ様式を取り入れた珍しい建物

14:30

N's YARD周辺の青木エリアを散策。エリアの名前の由来にもなった、**旧青木家那須別邸 P.61**は、那須野が原に農場を拓いた子爵の別荘なんです。

15:30

茶房花苑 P.61のお茶と和菓子でほっとひと息いれましょう。イートインのほか、持ち帰りできる和菓子もたくさん。

16:30

チョコレート色の外観がかわいい、**Kotje Le Chocolat P.61**で、チョコレートをおみやげに。ここから那須塩原駅までは、車で20分です。

ことりっぷ co-Trip **日光・那須 栃木・益子**

CONTENTS

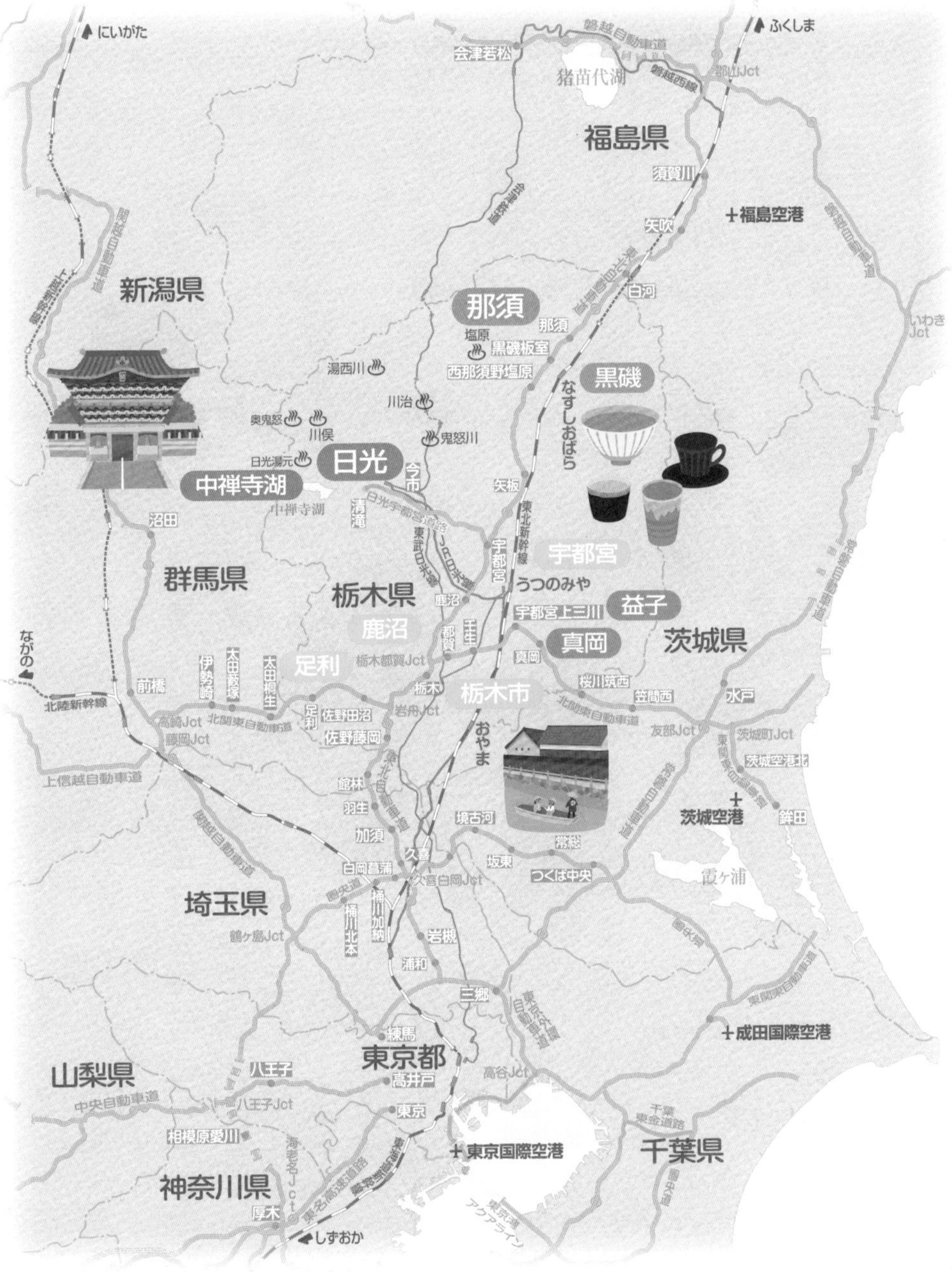
にいがた
ふくしま
磐越自動車道
会津若松
猪苗代湖
磐越西線
郡山Jct
福島県
須賀川
福島空港
矢吹
新潟県
那須
那須
白河
塩原
黒磯板室
西那須野塩原
湯西川
川治
黒磯
なすしおばら
奥鬼怒
川俣
鬼怒川
日光湯元
日光
中禅寺湖
中禅寺湖
今市
矢板
清滝
日光宇都宮道路
東北新幹線
宇都宮
宇都宮
うつのみや
群馬県
栃木県
沼田
鹿沼
益子
宇都宮上三川
鹿沼
真岡
真岡
足利
栃木都賀Jct
茨城県
ながの
前橋
伊勢崎
太田藪塚
太田桐生
栃木
栃木市
桜川筑西
笠間西
水戸
北陸新幹線
高崎Jct
北関東自動車道
足利
佐野田沼
岩舟Jct
おやま
友部Jct
茨城町Jct
藤岡Jct
佐野藤岡
茨城空港北
上信越自動車道
館林
羽生
茨城空港
鉾田
関越自動車道
加須
境古河
常総
久喜
坂東
白岡菖蒲
久喜白岡Jct
つくば中央
霞ヶ浦
埼玉県
圏央道
桶川北本
桶川加納
鶴ヶ島Jct
岩槻
浦和
三郷
東京外環自動車道
東関東自動車道
成田国際空港
練馬
東京都
山梨県
八王子
高井戸
高谷Jct
中央自動車道
八王子Jct
東京
千葉東金道路
相模原愛川
東京国際空港
千葉県
海老名Jct
東名高速道路
神奈川県
厚木
東京湾アクアライン
圏央道
しずおか

明治時代、外国人のための宿泊施設として
開業した「金谷カテッジイン」。
親しみを込めて
Samurai Houseと呼ばれたこの屋敷が
日本の西洋式リゾートホテルの
はじまりです

庭園にある水琴窟
竹筒に耳をあてると
美しい音色が響きます

蛇・蛙・かたつむりが彫られた
「三すくみ」の石灯籠
誰も負けず、誰も勝たない
「世の中安定」の
願いが込められています

クラシカルリゾート 日光の 歴史を訪ねて

金谷ホテル
歴史館
☎0288-50-1873
日光市本町1-25
9:30～16:30（12～2月は10:00～15:30）
休 無休（冬季は不定休） ¥ 550円 P あり
バス停金谷ホテル歴史館からすぐ
MAP 付録① A-2

日光 中禅寺湖

日光東照宮と二荒山神社·日光山輪王寺を
合わせた二社一寺は華やかさと神聖な雰囲気とを
合わせもつパワースポット。
避暑地として外国人に愛された中禅寺湖や
勇壮な姿を見せる華厳ノ滝、
自然美がすばらしい戦場ヶ原での
ハイキングもおすすめです。

一度は泊まってみたい日光金谷ホテルをはじめ、
静かな湖畔に佇むリゾートホテルなど
女性にやさしいこだわりの宿も豊富です。

日光・中禅寺湖をさくっと紹介します

世界遺産に登録された日光山内を中心に、中禅寺湖、戦場ヶ原など自然美豊かなスポットがいっぱいです。

まずは旅の支度をととのえる

日光・中禅寺湖エリアは東武日光駅から

東武日光駅構内に観光案内所では、見所や最新のイベント・交通情報が得られます。

☎0288-22-1525（日光市観光協会）

鬼怒川エリアは鬼怒川温泉駅から

鬼怒川温泉駅前に観光情報センターがあります。温泉宿や周辺の観光情報を入手できます。

☎0288-22-1525（日光市観光協会）

日光・中禅寺湖エリアの回りかた

バスでの移動が基本

日光も中禅寺湖エリアも、移動は路線バスが基本です。駅前にあるバス乗り場は、行き先によって、それぞれ番号が分かれています。東武日光駅の場合、日光山内を循環する世界遺産めぐりバスは2B、中禅寺温泉方面は2Aまたは2Cの乗り場です。霧降高原まで行くバスは冬期（12〜3月末）運休になります。

☎0288-54-1138
（東武バス日光 日光営業所）

鬼怒川温泉の旅館・ホテルへ→日光交通バス

鬼怒川温泉駅〜鬼怒川温泉各旅館・ホテル行きのバスは1回乗車200円、所要5〜10分ほど。鬼怒川温泉駅〜湯西川温泉は55分、1800円。

☎0288-77-2685
（日光交通ダイヤル営業所）

日光山内を効率的にまわるなら→世界遺産めぐりバス

二社一寺めぐりに便利。1日乗車券（世界遺産めぐり手形）なら何回乗り降りしても600円です。

世界遺産めぐり手形は東武日光駅ツーリストセンターで買える

変化に富んだ自然が楽しめる

戦場ヶ原《せんじょうがはら》 P.48

広大な湿原の散策がおすすめ。近くには湯元温泉もある。

男体山の噴火で誕生した堰止湖

中禅寺湖《ちゅうぜんじこ》 P.40

明治期の避暑地の面影が楽しめる。華厳滝など景勝地も。

紅葉シーズンは早め早めの行動を

日光エリアは秋が繁忙期。特に週末は周辺道路が混雑するので、午前の早めに行動開始するのがおすすめです。

北関東有数の大温泉地

鬼怒川《きぬがわ》

鬼怒川沿いに温泉宿が並ぶ。

ここを見ずして日光を語るなかれ

日光《にっこう》

P.16

世界遺産の二社一寺がある。門前町には新しいスポットも。

日光山内や中禅寺湖エリアは気温差が大きいので、夏でも羽織るものを持って行きましょう。

色鮮やかな世界遺産
日光山内をさくっと紹介

きらびやかな彫刻や建造物など見どころが満載の日光山内。
日本の建築文化の粋を今に伝え、装飾の美しさと匠の技を鑑賞する
世界遺産の旅に出かけましょう。

お参り前に知っておきましょう

日光山内って どういう意味？

日光東照宮、二荒山神社、日光山輪王寺（大猷院を含める）、これら二社一寺を含む一帯が日光山内と呼ばれています。その信仰の歴史は奈良時代にまでさかのぼり、昔から多くの参拝客が訪れています。

どれくらい時間が かかるの？

日光山内をじっくり見て回る場合は、5～6時間以上必要。二社一寺それぞれ敷地が広いため、想像以上に時間がかかります。ポイントを絞って回れば3～4時間程度。階段や砂利道が多いので、履きなれた靴で休憩をとりながら回りましょう。おすすめの季節は、日光一帯が紅葉で染まる10～11月頃です。夏でも涼しいので上着を用意しておきましょう。

世界遺産「日光の社寺」って どこを指すの？

1999（平成11）年、世界文化遺産として登録された「日光の社寺」。そこには、日光山内の103の建造物群（国宝9棟、重要文化財94棟）と、これらを取り巻く自然や文化的景観が含まれています。

効率よく回るには？

JR・東武日光駅から日光山内を巡回する「世界遺産めぐりバス」が便利。1日乗車券もあります。

拝観券の種類を知っておきましょう

参拝に必要な拝観券は、単独の拝観券のほか、お得なセット券もあります。日光山内の各寺社入口のほか、東武日光駅のツーリストセンターでも購入できます。

	日光東照宮	日光山輪王寺	日光山輪王寺大猷院	二荒山神社
各社寺単独拝観券	1300円（眠り猫・奥宮を含む）	400円（三仏堂）	550円	無料
各社寺セット拝観券	宝物館とのセット券 2100円	輪王寺券 900円		―
別料金	宝物館 1000円 五重塔内部 300円	宝物殿・逍遥園 300円	―	神苑300円

黒と金を基調にした
重厚な雰囲気漂う家光公の廟所

日光山輪王寺大猷院《にっこうざんりんのうじたいゆういん》

P.25

徳川3代将軍家光の廟所。祖父・家康の廟所東照宮をしのいではならないとの遺言により、ひかえめながら繊細な装飾が施されている。

1250年の歴史をもつ
天台宗の大本山のひとつ

日光山輪王寺《にっこうざんりんのうじ》

P.24

鮮やかな朱塗りの本堂が目をひく三仏堂。天台宗大本山に数えられており、約40棟もの堂塔がある。

ご利益スポットの宝庫

神苑 しんえん

P.23

拝殿の左手奥にある本社境内。美肌のご利益があるとされる二荒霊泉がある。

大国さまのご利益と霊験あらたかな霊泉

二荒山神社 ふたらさんじんじゃ

P.22

782（天応2）年に勝道上人が創建、現在の本社社殿は東照宮創建と前後し2代将軍秀忠が造営寄進。縁結びの神社としても知られる。

江戸時代初期の匠の技を集めた徳川家康を神として祀る霊廟

日光東照宮

にっこうとうしょうぐう

P.18

徳川家康を祀る霊廟。世界文化遺産にも登録された江戸時代初期の華麗な建築美が見もの。

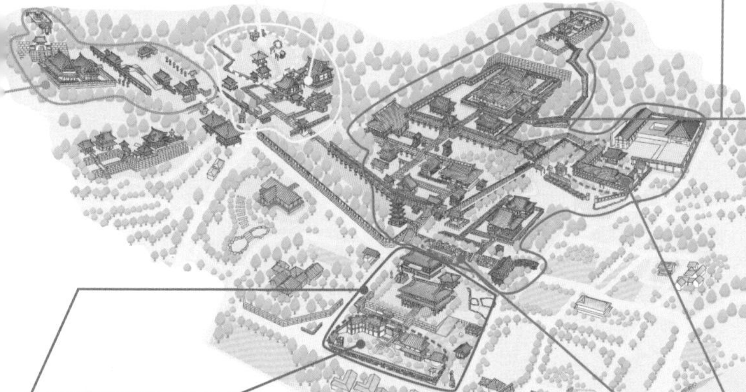

巨匠が手がけた日本画を公開

日光東照宮美術館

にっこうとうしょうぐうびじゅつかん

杉並木の古材を利用して建設した趣深い建物。横山大観の作品など日本画100点を公開。

紅葉の時期はひときわ美しい

P.24

宝物殿・逍遥園

ほうもつでんしょうようえん

琵琶湖を模したと伝わる池泉回遊式庭園。宝物殿には約3万点の寺宝を収蔵。

日光観光のシンボル的存在

神橋 しんきょう

P.22

日本の三大奇橋のひとつに数えられる、鮮やかな朱塗りのアーチ型の和橋。

P.21

家康ゆかりの品々を展示

日光東照宮宝物館

にっこうとうしょうぐうほうもつかん

「徳川家康公と日光東照宮」をテーマにした展示室や、先端映像技術を駆使した東照宮シアターがある。1階は入館無料。

匠の技の粋を集めた華麗な建造物にうっとり

創建当初は簡素だった東照社を、3 代将軍家光が絢爛豪華に建て替えて、現在の東照宮が誕生しました。境内には国宝や重要文化財を含む 55 棟の社殿群が並びます。

1

2

3

4

5

6

1修理を終え、輝きを取り戻した陽明門。故事逸話や聖人賢人など500以上の彫刻が施されている　2 1層から4層までは和様、最上部の5層は唐様の造りの五重塔　3積み木を縦横に組み合わせたような「斗栱(ときょう)組み」は、揺れを分散して吸収する構造　4陽明門に施された、虎に乗る鄭思遠(ていしおん)の彫刻。家康は寅年、寅の刻生まれのため、虎の彫刻の数も多い　5境内ににたたずむ苔むした石灯籠
6一ノ鳥居前にある石碑。ここから東照宮の拝観スタート

東照宮のシンボル陽明門の別名とは？

極彩色の楼門に見とれているうちに日が暮れてしまったという逸話から「日暮門（ひぐらしのもん）」とも呼ばれています。

江戸の建築・彫刻の粋が集結

日光東照宮 にっこうとうしょうぐう

江戸幕府を開いた徳川家康を祀る霊廟。3代家光が「寛永の大造替」を行ない、1636（寛永13）年に現在の姿が誕生した。日光山内の中でも見どころが多いので、比較的人出の少ない朝一番の時間帯がおすすめ。

☎0288-54-0560 ⌂日光市山内2301 ⏰9:00～16:30（11～3月は～15:30）㊡無休 ¥1300円 Ⓟあり 👣バス停西参道入口から徒歩10分。またはバス停表参道からすぐ MAP付録① A-1

1家康の棺が納められている宝塔までの最後の門・鋳抜門（いぬきもん）を守る狛犬。ブロンズ製で重厚な雰囲気 2奥宮宝塔のかたわらには、願いが叶うといわれる叶杉がある

1東照宮の入口に立つ一ノ鳥居。「東照大権現」の額は畳一枚分の大きさ 2本地堂の天井一面に描かれた鳴竜。竜の頭の下で拍子木を打つと「キーン」と冴え渡った音が鳴り響き、鳴き声のように聞こえる 3煌びやかな色彩と細密な彫刻がみごと 4陽明門の「目貫きの龍」（上）と「唐子遊び」の彫刻。雪合戦や鬼ごっこなど、子どもたちが遊ぶ姿の彫刻「唐子遊び」には、平和の願いが込められている

境内の35項目を解説する音声ガイドは、境内を1時間半ほどで回るのに最適。祈祷受付所で借りられ、利用料は500円です。

美しい彫刻を探しながら東照宮をひとめぐり

江戸時代初期の匠の技を集めて建造された東照宮。いたるところに霊獣や花鳥、天女などの彫刻が施されています。細部にまでこだわった装飾をじっくり鑑賞して。

1東面中央に彫られた卯。二代将軍秀忠を表している　2東面右側に彫られた寅。寅年寅の刻に生まれた家康を表している　3東面左側の辰。辰年生まれの家光を表している

1 五重の塔
ごじゅうのとう

✔十二支《じゅうにし》の彫刻《ちょうこく》

1650（慶安3）年に若狭の国小浜藩主酒井忠勝によって奉納された。高さは約35m。1層目の周囲には方位を示す十二支が彫られている。

周囲を回ってじっくりと鑑賞しよう

2 神厩舎
しんきゅうしゃ

✔三猿《さんざる》

神に仕える神馬をつなぐ場所である神厩舎。東照宮で唯一漆を塗らない素木造り。有名な猿の彫刻は長押《なげし》の上にある。

1 8面に16匹の猿の彫刻があり、猿の一生を表現している。周囲をぐるりと回って、その一生をたどってみて　2「見ざる・言わざる・聞かざる」で有名な三猿は、幼年期を表している

狩野探幽が想像だけで下絵を描いたことからこの呼び名が付いた

3 三神庫
さんじんこ

✔想像《そうぞう》の象《ぞう》

三棟の校倉造りの建物の総称。向かって右側の上神庫の側面上部に想像上の象が描かれている。

ぐるっと回って

60分

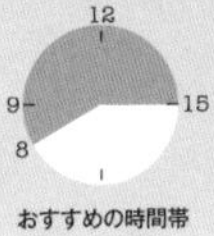

おすすめの時間帯

見どころ満載の東照宮を彫刻探しをテーマにしてめぐりましょう。家康の墓所である奥宮まで見学する場合は、全207段の石段を登って向かうため、プラス30分ほどかかります。

東照宮で霊獣を探してみましょう

東照宮の彫刻には、龍や漠、麒麟など想像上の動物を含め全26種類、714頭の霊獣がいます。いくつ見つけられましたか？

4 唐門
からもん

✓舜帝朝見《しゅんていちょうけん》の儀《ぎ》 ✓昇竜《のぼりりゅう》 ✓降竜《くだりりゅう》

本社の正門。左右の門柱には寄木細工の竜、上部には中国の高僧の精密な彫刻が施されている。

本社を囲む塀は、さまざまな花鳥の彫刻や極彩色の文様で彩られている

1僧侶たちが皇帝に謁見する様子を描いた精巧な彫刻。1本のケヤキに4列27人の人物が彫られている
2今にも動きだしそうな寄木の竜

1名匠・左甚五郎の作と伝えられる彫刻
2寝たふりをしているとも言われる猫は、見る角度により表情が違って見える

5 東廻廊
ひがしかいろう

✓眠《ねむ》り猫《ねこ》

陽明門から左右に伸びる廊下が廻廊。東側の東廻廊に眠り猫がある。意外と小さく、高いところにあるので見落とさないように。

奥宮に向かう坂下門の手前にある

こちらにも足をのばして…

東照宮をバーチャル体験

日光東照宮宝物館
にっこうとうしょうぐうほうもつかん

CG映像で陽明門の美しさを楽しめるシアターや、家康の遺品などの展示物があるスポット。

☎0288-54-2558 住日光市山内2301 時9:00〜16:30（11〜3月は〜15:30） 休無休 ¥1000円（1Fは無料） Pあり 交バス停西参道入口から徒歩10分。またはバス停表参道からすぐ MAP付録① B-1

貴重な御神宝が見学できる

カフェでひとやすみ

上島珈琲店 日光東照宮店
うえしまこーひーてんにっこうとうしょうぐうてん

宝物館1Fにあるカフェ。本格ネルドリップコーヒーやケーキ、サンドイッチがいただける。

☎0288-25-6811 住日光市山内2301 時9:00〜17:00（11〜3月は〜16:00） 休不定休 Pなし 交バス停西参道・東武観光センター前から徒歩10分。またはバス停表参道からすぐ MAP付録① B-1

ガラス張りの明るい店内。ブレンドコーヒーは610円

三猿で有名な神厩舎には、白い神馬が飼育されています。運がよければ厩舎内で食事している姿を拝めるかも。

古社・二荒山神社で パワースポットめぐり

**勝道上人が開いた二荒山神社は古くから日光山信仰の中心的な社殿。
巨大な御神木が立ち並ぶ境内は、厳かな雰囲気です。
縁結びや美肌など多くのご利益があるパワースポットとしても知られています。**

1大谷川にかかる神橋は二荒山神社への入口の橋 2福の神・縁結びの神社として知られる二荒山神社の拝殿 3大鳥居をくぐって境内へ進む 4「酒の泉」「若水」「知恵の水」からなる二荒霊泉

霊験あらたかな古社

二荒山神社 ふたらさんじんじゃ

勝道《しょうどう》上人によって開かれた神社。日光東照宮が創建されるまで日光山信仰の中心として栄えた。大国殿には、人々に良い縁を結ぶだいこく様が祀られている。

☎0288-54-0535 ⌂日光市山内2307 ⏰8:00～17:00（11～3月は9:00～16:00）休無休 ¥本社神苑券300円 Ⓟあり 🚶バス停西参道・東武観光センター前から徒歩7分。またはバス停大猷院・二荒山神社前からすぐ MAP付録① A-1

ひと休みはここで

二荒霊泉の脇にある茶屋

神社カフェ開運（あずまや）

じんじゃカフェかいうん（あずまや）

二荒霊泉の水でたてた抹茶やコーヒーが味わえる店。静かな雰囲気の中でひと休みを。

☎0288-54-0535（二荒山神社）⏰10:00～15:00 休無休 MAP付録① A-1

抹茶・大福・お守りセット 700円

ぐるっと回って **60分**

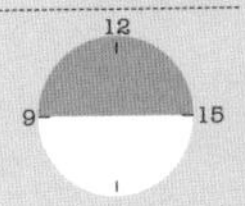

おすすめの時間帯

二荒山神社の境内は自由に拝観できますが、神苑に入るには拝観料が必要です。縁結びの笹や二荒霊泉など、主な見どころは神苑内にあるので、ぜひ入場してみましょう。

良い縁まつりの限定品

開催期間中は、お守りや御朱印がこの期間限定のものになるなど、特別な雰囲気に。良い縁まつり限定の御朱印も登場します。

パワースポットをめぐりましょう

毎年9月中旬～11月23日

笹の輪くぐりで良縁祈願

日光良い縁まつり

期間中は拝殿前に大きな笹の輪が設けられる。願い札を笹の輪に結び、左、右、正面と8の字に3回輪をくぐりお参りすると願いが叶うとされる。

「好き（杉）なら（ナラ）一緒に」

縁結びの御神木

大きな杉の木にナラの木が重なっていることから、縁結びの御神木とされる。

三大御神木

夫婦円満の御神木

夫婦杉

ひとつの根から2本の幹が大きく伸びている姿は、まるで仲睦まじい夫婦のよう。

父、母、子の姿と重なる

親子杉

大きさの違う3本の古木が根をひとつにしてそびえる姿から信仰を集めている。

あらゆる人の縁を結ぶ

縁結びの笹

あらゆる良い縁を結ぶという笹。良い縁結び札200円に願いを書き、結び所に結んで祈願して。

霊験あらたかな湧き水

二荒霊泉

飲むと眼病に効く霊水と、名酒が作れる「酒の泉」を引き込んだ清泉。美肌にもご利益があるのだとか。

心の角を取って幸せに

円石《まるいし》

大国殿の前に安置された丸い石。人の心の角を取って丸くしてくれるといわれ、なでれば長寿祈願となる。

大国殿前で運試しに挑戦

大国殿のそばには、3つの輪を投げて運気を占う輪投げや、良縁を占うお菓子占いなど、レトロでユニークな運試しがそろっている。

縁結びの御神木は神門をくぐる前、大鳥居の近くにあるので、うっかり通り過ぎて見逃さないように。

輝く坐像と美しい庭のある日光山輪王寺
重厚な趣に見惚れる大猷院《たいゆういん》

**天台宗三本山のひとつに数えられる日光山輪王寺。
日光山の大本堂三仏堂と、徳川3代将軍家光の廟所である大猷院には
豪華絢爛な東照宮とは趣の違う重厚な雰囲気が漂います。**

1

2

3

4

5

6

1 三仏堂の3体の本地仏は国内屈指の木造坐像。台座から光背の頂まで約7.5mある 2 日光山輪王寺とは境内にある大小約40の堂塔の総称 3 紅葉の合間から見える大護摩堂 4 日光開山の祖である勝道上人の功績を讃えて造られた像 5 およそ3万点の寺宝を収蔵している輪王寺宝物殿 6 シャクナゲ、カエデ、マツ、ツツジなどが美しい逍遥園。毎年10月下旬～11月中旬にはライトアップが行なわれる

日光山信仰の始まりの地

日光山輪王寺

にっこうざんりんのうじ

天台宗三本山のひとつに数えられる寺で、日光山開山の祖である勝道上人が創建した四《し》本龍《ほんりゅう》寺《じ》が発祥。1250年を超える歴史を有し、華麗で重厚な建築美を今に伝える。

☎0288-54-0531 住日光市山内2300 時8:00～16:30（11～3月は～15:30） 休無休（宝物殿・逍遥園は展示替えなどで不定休） ¥輪王寺券（三仏堂・大猷院）900円、三仏堂券400円、宝物殿・逍遥園券300円 Pあり 交バス停神橋から徒歩5分。またはバス停勝道上人像前からすぐ MAP付録① A-2

写経会に参加できます

日光山輪王寺の大護摩堂では、般若心経の写経会が開催されます。1人1000円で誰でも参加することができます。

1

2

3

4

5

6

7

1拝殿の天井に描かれた140の龍は狩野一門によるもの。権現造りの建物は本殿と相ノ間と拝殿という部屋でつながっている 2仁王門の両脇に祀られている身長3.2mの仁王像 3二天門正面の「大猷院」の扁額は後水尾上皇によるもの 4中国明朝の様式が見られる皇嘉門の奥は非公開 5二天門に祀られる増長天像 6牡丹唐草の彫刻で飾られていることから「牡丹門」とも呼ばれる夜叉門。青・白・赤・緑色の4体の夜叉像が、それぞれ東西南北を守る 7江戸初期の霊廟建築を代表する大猷院は金の色彩を多用

洗練された装飾と個性的な仏像

日光山輪王寺大猷院

にっこうざんりんのうじたいゆういん

徳川3代将軍家光の廟所。祖父・家康をしのいではならないと、彩色や彫刻を控え、黒と金を基調とした意匠や装飾が施された大猷院本殿は、重厚な雰囲気が漂っている。

☎0288-54-0531（日光山輪王寺）
⌂日光市山内2300 ⏰8:00〜16:30（11〜3月は〜15:30）休無休 ¥輪王寺券（三仏堂・大猷院）900円、大猷院券550円 Pなし バス停西参道・東武観光センター前から徒歩5分。またはバス停大猷院・二荒神社前からすぐ MAP付録① A-1

家光が祖父・家康を敬愛していたことを表すように、大猷院の建物は東照宮の方角を向いています。

昔ながらの洋館でいただく
クラシカルグルメの豪華ランチ

**明治時代から在留外国人の避暑地として栄えた日光。
当時の趣を残す洋館で味わう昔ながらの洋食は
文明開化の華やかな時代にタイムトリップさせてくれます。**

憧れのホテルで日光の洋食を

日光金谷ホテル メインダイニングルーム

‖日光市街‖ にっこうかなやホテルメインダイニングルーム

現存する日本最古のリゾートホテル、日光金谷ホテルのメインダイニング。かつてのロビーを改装した豪華な内装で、開業初期に使われていた食器なども展示されている。長い歴史が育んだ伝統の味を楽しんで。P.50

0288-54-0001 日光市上鉢石町1300
11:30～14:30、18:00～20:00 休 無休 P あり
バス停神橋から徒歩3分 MAP 付録① B-2

欄間や柱には日光東照宮をイメージさせる彫刻が施されている

金谷ホテル伝統のスペシャリテやシェフお勧めの旬の食材を使用したメニューをお好みでチョイスできる

Menu

プリフィックスランチ
…6000円～
メインとデザートを選べるコース

（プリフィックスランチチョイス）
大正コロッケット
…追加料金1200円
初代と2代目料理長のレシピに載っていたメニューを復刻

国内外の賓客が宿泊した由緒あるホテル

展示室にはホテルの歴史を物語る調度品が

ベシャメルソースベースのチキンとカニのコロッケット

レトロな建物にも注目

どちらも明治時代の建物で、当時の技術の粋を集めたモダンな造りは見ごたえ十分。古くから残る伝統的な調度品の数々もみごとです。

約300坪という広い庭園に囲まれた3階建ての洋館

肉や野菜たっぷりのビーフシチューのつぼ焼き2640円

Menu

オムレツライス
…1870円
口の中でふわりととろけるオムレツに、じっくりと煮込んだコクのあるデミグラスソースがたっぷりかかった看板メニュー

ロールキャベツ
…1980円
濃厚なトマトソースをベースに柔らかく煮込んだ、まろやかなロールキャベツ。ボリュームたっぷりでお腹も大満足の一皿

フレッシュなトマトの味を生かしたロールキャベツ

ケチャップ味のチキンライスが食欲をそそる

暖炉が置かれた1階ダイニング。窓から庭園を望める

森に囲まれた本物の洋館を訪ねる

西洋料理 明治の館

‖日光山内‖ せいようりょうりめいじのやかた

文明開化の時代、日光に初めて蓄音機を輸入した貿易商F.W.ホーンの別荘を使ったレストランで、どこか懐かしい味わいの西洋料理がそろう。濃厚デミソースとふわふわオムレツがマッチしたオムレツライスがおすすめ。

☎0288-53-3751 ⌂日光市山内2339-1
Ⓛ11:00～19:30 休無休 Pあり
!!バス停神橋から徒歩8分
MAP 付録① B-1

西洋料理と和食が融合した、文明開化ならではの味わいが日光の洋食の特徴です。

地元素材を気軽に味わえる おいしいごはんをいただきます

新鮮な地場野菜に、トロ～リと口の中でとろけるゆば、憧れのブランド牛…。居心地のいい日光門前町で日光名物を使ったこだわりのメニューをいただきましょう。

ランチメニューは写真の縁（EN）2310円をはじめ4種類

地元の幸を生かした創作料理

お食事処 栞

おしょくじどころしおり

menu
縁 2310円
常 1980円

フレンチの経験があるオーナーが、地元食材にこだわって腕を振るう。湯豆腐にちぢみ湯波、揚巻湯波煮、グリル料理が付いたランチ「縁」はボリュームたっぷり。こだわりの料理とともにお酒が楽しめる夜もおすすめ。

創作和食 ☎0288-25-5745
住 日光市下鉢石町957-2
時 11:30～14:00、18:00～22:00
休 水曜、火・木曜不定休 P あり
交 バス停日光郷土センター前からすぐ MAP 付録① C-2

1

2

1 鱒重のランチコース3080円 2 日光郷土センターのそばにある

歴史香る建物でいただく和洋折衷の味

カフェレストラン匠

カフェレストランたくみ

神橋のそばにある、1905（明治38）年築の国の登録有形文化財を利用したカフェレストラン。おすすめは、ゆばを洋風にアレンジしたゆばグラタン。豆乳ベースのまろやかなホワイトソースとゆばが相性抜群。

menu
ゆばグラタンセット 2145円
レアチーズケーキ 594円

☎0288-54-1108（日光物産商会） 住 日光市上鉢石町1024
時 11:00～16:30 休 不定休
P あり 交 バス停神橋からすぐ
MAP 付録① B-2

2

3

1 セットのパンは金谷ホテルベーカリーのもの 2 歴史が香る店内 3 金谷ホテル特製のレアチーズケーキを提供

門前通りでカフェ＆おみやげ探し

東武日光駅から日光山内へと続く大通りには、おしゃれなカフェや甘味処が並びます。みやげ店も多いので、散策が楽しみです。

1 絹のように柔らかな、くみ上げゆばの食感が楽しめる 2 日光山内にほど近い、街道沿いに位置する 3 豆乳ベースのまろやかな舌ざわりのプリンにゆばをトッピング

日光山内の門前でまったりカフェごはん

LANCATLGUE CAFE NIKKO

ランカトルグカフェニッコウ

アンティーク家具が配された店内はレトロモダンで居心地がよく、のんびりくつろぎながらランチやスイーツを楽しめる。クリーミーなゆばをだしあんと温泉玉子が引き立てる、とろゆばごはんがおすすめ。

menu

とろゆばごはん 1300円
ユバプリン 500円

☎0288-53-1193 住日光市安川町4-1 2F 時12:00〜17:00（変更あり） 休水・日曜（臨時・冬期休業あり） Pなし 交バス停総合会館前からすぐ MAP付録① A-2

前日光和牛を使ったNIKKO丼とこだわりスイーツ

かまや〜カフェ・デュ・レヴァベール〜

東武日光駅のそばにあるカフェ。かつては銀行だったという店内は、外国の街角のように街灯が置かれたユニークな内装。ゆばと前日光和牛のローストビーフがのったNIKKO丼や、自家製ケーキが人気。P.36

menu

NIKKO丼 1980円〜
季節の日光苺のケーキ 770円〜

☎0288-54-0685 住日光市松原町12-6 時11:00〜16:00（売り切れ多数により閉店の場合あり） 休不定休 Pあり 交東武日光駅からすぐ MAP付録① D-3

1 店の奥には巨大な金庫の扉が残っている 2 こだわり食材を使ったケーキは全てグルテンフリーでムスリムにも対応 3 温泉玉子にバルサミコ酢のオリジナルソースがかかったNIKKO丼（Mサイズ）2200円（S・Lサイズもあり）

カフェの周辺には、おだんごなどの和スイーツがいただけるお店もたくさんありますよ。

洗練された日光の伝統の味
郷土料理ゆばの虜になる

日光の名物として、ぜひ食べておきたい「ゆば料理」。
精進料理にも使われる、栄養があってヘルシーなゆばを
贅沢な気分で、あるいはカジュアルに味わってみましょう。

湯波と和牛の創作巻き寿司

和牛と山葵の湯波巻、本日の小鉢3種など全7種の湯波巻御前2720円

日光湯波巻き 全【ZEN】 ‖日光市街‖ にっこうゆばまきぜん

栃木県の食材をメインに、フレンチと和食を取り入れた創作料理を提供。その日の食材に合わせて仕込まれた料理は、味わい深く思わず舌鼓を打つほど。こだわりの器とあわせて楽しむことができる。

店の外にある岩肌を眺められる内装は圧巻

ゆば料理 0288-53-3470
日光市上鉢石町1007 11:00～14:30、17:00～18:30（閉店20:30） 休 火曜 P なし バス停日光市所前から徒歩2分
MAP 付録① B-2

盛り付けも美しい創作ゆば料理

生ゆば刺身からゆばしゅうまいまで。創作ゆば花膳3380円

日光ゆば遊膳 ‖日光山内‖ にっこうゆばゆうぜん

二社一寺に近い創作ゆば料理の店。ゆばの刺身、煮物、揚げ物などが木箱に美しく盛り付けられたゆば箱膳は、料理人のセンスのよさを感じさせる逸品。旬の食材を使った季節替わりのメニューが楽しめる。

国道沿いにありながら静かで落ち着ける店

ゆば料理 0288-53-0353
日光市安川町1-22 11:30～15:00（材料がなくなり次第閉店）
休 水曜（祝日の場合は翌日休、冬期臨時休あり） P あり
バス停安川町から徒歩3分 MAP 付録① B-2

お坊さんがもたらしたゆば

始まりは奈良・平安時代、輪王寺などに修行に来る僧侶や修験者の精進食として、日光にゆばが持ち込まれたのだとか。

座敷でゆったりいただくゆば懐石

本格懐石湯波料理・女峰コース6600円。一品ずつ供される

本格懐石湯波料理 割烹 与多呂

‖日光市街‖ ほんかくかいせきゆばりょうりかっぽうよたろ

本格的なゆば懐石コースが味わえる割烹。先代料理人の味を継承した2代目による湯波コースは、どれも箸をつけるのが惜しいほど美しいものばかり。お手頃価格の湯波ランチも2種類用意されている。

趣のある店構えの割烹料理店

ゆば料理 ☎0288-54-0198
日光市下鉢石町965 🕒11:30～14:00頃
休 水曜(夜は予約で営業) P あり
バス停日光郷土センターから徒歩4分 MAP 付録① C-3

リーズナブルにゆば料理を味わう

天ぷらや刺身も付いてボリューム満点の、ゆばの香御膳1800円

丁田屋 ‖日光市街‖ ちょうだや

創業1905(明治38)年の食事処。ゆばの刺身や煮物、天ぷらなどが味わえるゆばの香御膳など、ボリューム満点なうえにリーズナブルなセットメニューが魅力。ハンバーグなどの洋食も用意している。

カジュアルな雰囲気の中で食事ができる

和洋食 ☎0288-53-6288
日光市清滝丹勢町631-3 🕒11:30～14:00
休 木曜(1～2月は木・日曜休) P あり
バス停丹勢からすぐ MAP 付録② C-2

材料がなくなり次第終了のお店も多いので、ゆったりと料理をいただくためにも予約・問い合わせがおすすめです。

参拝帰りに立ち寄りたい日光エリアのカフェ

古民家を改装したお洒落なインテリアや
個性的な和スイーツをそろえたメニューなど
門前町のおすすめカフェを紹介します。

1

2

3

4

5

6

1テーブルやランプ、さりげなく置かれたアートもお洒落 2ケーキセット1320円。ケーキは数種類から選べる 3随所にあしらわれた古道具 4通りの雰囲気にしっくり馴染んでいる 5一杯ずつていねいにドリップ 6思い思いの時間が過ごせる

御用邸通りに佇むレトロなカフェ

日光珈琲 御用邸通 にっこうこーひーごようていどおり

昭和初期に建てられた商家を、当時の雰囲気を残して改装した古民家カフェ。店内は天井が高く、ゆったり落ち着ける雰囲気。コーヒー豆は、苦味を抑えて豆本来の香りが立つ完全熱風式で自家焙煎しているのだそう。いろいろな種類の豆がそろっているので、スタッフに相談しながら選ぶのも楽しい。天然氷のかき氷も評判。

☎0288-53-2335 ⌂日光市本町3-13 🕒10:00～17:00 休月曜（祝日の場合は翌日休）、第1･3火曜 Pなし 👣バス停西参道または西参道入口から徒歩3分 MAP付録① A-2

店の雰囲気にぴったりなロゴマーク

使い勝手のよい駅構内カフェ

東武日光駅構内にあるザ・金谷テラス。「百年カレーパイ」など、金谷ホテルオリジナル商品がそろっています。MAP付録① D-3

日光山内の森の中 贅沢な気分で過ごせる

(上)暖かい季節には、木々を眺められるテラス席がおすすめ
(左)クリームあんみつ抹茶1320円

本宮カフェ

ほんぐうカフェ

約300年前の神職用住居を改装。二荒山神社の日光杉を使った床、社寺改修の職人が塗装した内装は、世界遺産の趣を感じさせる空間になっている。

0288-54-1669 日光市山内2384
10:00～17:00 休木曜
Pあり バス停神橋からすぐ
MAP付録① B-2

神橋から続く参道を右に曲がったところにある

アートのような盛り付けの 和スイーツ

cafe & gallery 仁右衛門

カフェアンドギャラリーにえもん

季節のスイーツが味わえるカフェ。オリジナルの抹茶スイーツが豊富。店内では益子焼きをはじめ、各地からセレクトした器がそろう。

0288-54-0382 日光市石屋町418-1
11:00～16:30(カフェは～16:00) 休水曜、第2・4木曜(祝日の場合は営業) Pあり 東武日光駅から徒歩5分
MAP付録① D-3

ふだん使いにプラスしたい器が並ぶ

(上)パフェを"よこ"に並べた、よこパフェ抹茶そろえ1080円
(左)眠り猫や三猿など日光に因んだガラス器も

ゆばのアレンジメニューが 楽しめるカフェ

(上)甘辛く味付けしたテリヤキゆばバーガー680円はテイクアウトもできる
(左)利用しやすいカウンター席

ダイニングカフェ 湯波こまち 東武日光駅前

ダイニングカフェ ゆばこまちとうぶにっこうえきまえ

ゆばを洋風にアレンジしたメニューを気軽に味わえるダイニングカフェ。テリヤキゆばはジューシーな味わい。ゆばのフライ丼、ゆばトマトラーメンも人気。

0288-25-6616 日光市松原町255 ホテルヴィバ日光1F 11:30～20:00
休不定休 Pあり
東武日光駅から徒歩4分
MAP付録① D-3

おしゃれなカフェ風のインテリア

駅前から山内へ続く日光街道沿いにはお団子やクレープなど食べ歩きスイーツの店もたくさんあります。

日光の名水が生み出す絶品
ふんわり溶けるかき氷

冬には氷点下となり雪の少ない日光は、天然氷作りに適した土地。
夏になると、専門店やカフェに天然氷を使ったかき氷が登場します。
きめ細やかでふわっと柔らかい味わいに、誰もが驚きを覚えるはずです。

こだわりのシロップが天然氷を引き立てる

生いちごプレミアム1430円
栃木産の生いちごソースを、ふわふわのかき氷にかけた一番人気

松月氷室 ‖今市‖ しょうげつひむろ

1894（明治27）年創業、日光三大氷室のひとつ「松月氷室」の直営店。生の果物を自家製ソースにしたものや、メロンの半切りをそのまま器にしたものなど、30種類以上のかき氷がそろう。

☎0288-21-0162 日光市今市379 11:00～17:00（季節により短縮あり） 休月曜（祝日の場合は翌日休） Pあり
JR今市駅から徒歩5分 MAP付録② D-2

天然氷の特製和風かき氷

天然氷のかき氷1210円
写真は和風かき氷味。和菓子店ならではの味を楽しめる

鉢石カフェ ‖日光市街‖ はついしカフェ

文化元（1804）年創業の老舗和菓子店が運営するカフェ。かき氷は、特製和風またはとちおとめミルクの2種類から選べる。明治・大正期に建てられた石蔵をリノベーションした店内でゆっくりといただける。

☎0288-54-0038 日光市下鉢石町946
10:00～17:00 休不定休 Pあり
バス停日光支所前下車すぐ MAP付録① C-2

伝統の製法で作られる日光の天然氷

氷池で天然水を自然に凍らせるのが、昔ながらの製氷です。天然氷を使ったかき氷は、頭がキーンと痛くなりにくいのだとか。

地元産の果実と天然氷のコラボレーション

日光四代目徳次郎天然氷のかき氷800円～
地元産とちおとめやブルーベリーを使った手作りシロップがたっぷり

CAFÉ OWL ‖霧降高原‖ カフェアウル

霧降高原チロリン村内にあるカフェ。「氷屋徳次郎」の本店で、5～10月まで天然氷のかき氷が味わえる。素材にこだわった手作りケーキも人気。豊かな自然の中でゆったりと過ごせる。P.37

☎0288-53-2877 日光市所野1535-227 4月中旬～11月中旬、10:00～16:00 休期間中火曜（臨時休あり） Pあり バス停隠れ三滝入口から徒歩5分 MAP付録② C-1

焼き芋と黒蜜きなこの絶妙な味わい

やきいもの付いた和風黒蜜きなこ800円
自家製の黒蜜と挽きたてのきな粉。冷たい焼き芋は上品な甘さ

味の隠れ家 cafe 千両茶屋

‖日光市街‖ あじのかくれがカフェせんりょうちゃや

焼き芋と濃厚ヨーグルトが人気のカフェ。4～10月に販売されるかき氷は、和風黒蜜きなこのほかマンゴーも。焼き芋はテイクアウトもできるので、食べ歩きやおみやげに購入する人も多い。

☎0288-53-2208 日光市御幸町601-3 11:00～16:00（テイクアウトでの営業の可能性あり） 休不定休 Pあり バス停日光支所前からすぐ MAP付録① C-2

現在、天然氷を保存する氷室は全国に5軒あり、そのうち3軒が日光市内にあります。

和みのカフェで見つけた至福のスイーツ

いまや日光グルメの定番となったチーズケーキをはじめ、
日光には清らかな水や地元で採れるフルーツなどを
ふんだんに使用したスイーツが充実しています。

古き良き時代の欧米の伝統を受け継ぐケーキの数々

ニルバーナ550円
材料はデンマーク産のクリームチーズと卵だけ。上品な酸味としっとり感が絶品

パンプキンプリン660円
厳選したかぼちゃを贅沢に練り込んだ芳醇な味と香りが特徴。なめらかな食感も人気の秘密

カフェ 明治の館

‖日光市街‖ カフェめいじのやかた

東武日光駅に隣接する、「西洋料理明治の館」のケーキショップ。日光チーズケーキを全国的に有名にした「ニルバーナ」は日光スイーツの定番。

☎0288-54-2149 住日光市松原町4-3 時10:00~18:00 休不定休 Pなし 交東武日光駅となり MAP付録① D-3
(テイクアウトOK) (発送OK) (お取り寄せOK)

1階はケーキショップ、2階がカフェ

すべてグルテンフリー 様々な人々に対応したスウィーツ

季節の日光苺のケーキ770円~
季節ごとの苺に合わせた「苺が主役のケーキ」が1年中味わえる

ロイヤルガトーショコラ770円~
ベルギー産ショコラの味と香り、深いカカオの余韻を贅沢2層仕立てで楽しめる

かまや特製バスクチーズケーキ770円
厳選したクリームチーズとマダガスカル産バニラを贅沢に使用。来店したバスク人も認めた味わいの一品

※上記3品ともグルテンフリー・ムスリムフレンドリー。価格変更の可能性あり

かまや ~カフェ・デュ・レヴァベール~

‖日光市街‖ P.31

クラシカルな店内で味わえる厳選素材を使用したケーキは、全てグルテンフリー。ムスリムやビーガン対応のスウィーツやフードメニューも豊富。

街角のように街灯が並ぶ個性的な店内

上品で飽きのこない味わいに長年のファンも多い

チーズケーキ500円
焼き上げてから、表面にサワークリームを塗って冷蔵。濃厚で滑らかな口当たりはレアのよう

チョコケーキ500円
ふんわり焼き上げたスポンジとしっとりしたチョコの絶妙なハーモニー。上品な甘さが印象的

カフェ・フルール

‖日光市街‖

「おいしいものだけを皆様に」をモットーに、地元で30年以上愛され続けている店。2種類のケーキのほか、サンドイッチやピザなどメニューが豊富。

☎0288-54-3113 住日光市松原町12-1 時9:00~17:00 休不定休 Pなし 交東武日光駅からすぐ MAP付録① D-3
(テイクアウトOK)

昔懐かしい雰囲気で親しまれている

日光でチーズケーキが有名な理由

西洋料理 明治の館P.27が、約40年前からチーズケーキを提供。そのおいしさが話題となり、「日光といえばチーズケーキ」が定番となりました。

いちご農園が手がける スイーツ

天使のパンケーキ1520円（11月下旬～5月頃限定）
甘さ控えめで軽い口当たりのホイップクリームがいちごを引き立てる

いちごパフェ 1470円
いちごソース、コーンフレークなどの上にいちごがたっぷり

いちごの里カフェ 日光店

‖日光市街‖ いちごのさとカフェにっこうてん

生クリームたっぷりのいパンケーキやフルーツいっぱいのパフェが大人気。いちごの収穫時期に合わせて訪れると、栃木産のフレッシュないちごの味わいを楽しむことができる。

0288-25-7672 日光市本町2-24
10:00～16:30 休 無休 P 21台
バス停金谷ホテル歴史館からすぐ
MAP 付録① A-2

日光東照宮の西参道近くにある、明るく開放的なお店

地元の素材を大切にした こだわりのケーキ

NYスタイルチーズケーキ500円
デンマーク産クリームチーズとサワークリームで仕上げた濃厚な味

紅茶とスパイスのシフォンケーキ500円
紅茶にシナモン、ナツメグ、ジンジャーを混ぜ込み、香り高い大人の味を表現

チョコレートシフォンケーキ500円
クーベルチュールチョコレートを使用。香り高いコクとソフトな舌触りが魅力

CAFÉ OWL

‖霧降高原‖ カフェアウル P.35

霧降高原にあるレジャー施設、チロリン村内にあるカフェ。天然素材、特に地元でとれた素材にこだわり、手作りのやさしい味わいを大切にしている。

霧降高原の中腹にあり、自然も満喫できる

テイクアウト専門

電車に乗る前に お持ち帰りしたいスイーツ

ニルバーナレア各540円
明治の館名物「ニルバーナ」のレアチーズケーキの下には、ソフトクッキーが

ヨーグルト 各540円
良質でおいしい生乳100%で作ったオリジナルヨーグルト。無糖と加糖の2種類ある

明治の館ケーキショップ 日光駅前店

‖日光市街‖ めいじのやかたケーキショップにっこうえきまえてん

「カフェ明治の館」の1階にあるテイクアウト専門のケーキ店。欧米の伝統を受け継ぐケーキやタルトを数多くそろえる。

0288-54-2149 日光市松原町4-3
10:00～18:00 休 不定休 P なし
東武日光駅となり MAP 付録① D-3
（テイクアウトOK）（発送OK）（お取り寄せOK）

店舗は、東武日光駅のすぐ隣にある

「いちごの里カフェ 日光店」は、栃木県小山市にあるフルーツ狩り体験ができる「いちごの里」の支店です。

日光の門前町で見つけた かわいいおみやげ

**三猿や眠り猫をモチーフにしたお菓子や
日光に伝わる伝統工芸など
かわいい日光みやげを集めました。**

シルエットがかわいい

三猿
1個170円
どこから食べようか迷ってしまいそう

椿
1個130円
日光彫をイメージした椿の形

**吟味を重ねた良質素材で
焼き上げた人形焼**

日光人形焼 みしまや

にっこうにんぎょうやきみしまや

日光彫の老舗・三島屋の店舗一角で販売している人形焼の店。形は三猿、眠り猫など日光にちなんだ8種類。しっとりした生地がおいしい。

人形焼 ☎0288-54-0488 住日光市石屋町440 営9:00～売り切れ次第終了 休木曜 Pあり 交東武日光駅から徒歩10分 MAP付録① C-3

店舗は新潟から移築した古民家

猫小箱
6枚入300円
6枚入りの猫柄ボックスはおみやげにぴったり

和柄シリーズ
1個450円～
和柄パッケージに包まれた一口サイズのおせんべい

**塩とバターで味付けした
さくっと軽いおせんべい**

日光甚五郎煎餅本舗 石田屋

にっこうじんごろうせんべいほんぽいしだや

1907（明治40）年創業の煎餅店。塩バター風味の甚五郎煎餅は、もらった人もうれしくなるかわいいパッケージが人気の日光みやげの定番。

煎餅 ☎0288-53-1195 住日光市本町4-18 営8:30～17:00 休不定休 Pあり 交バス停西参道入口から徒歩3分 MAP付録① A-2

静かな御用邸通りにある本店

葵三猿もなか
3個入り432円
くるみとキャラメルを合わせたクリーム入りのもなか

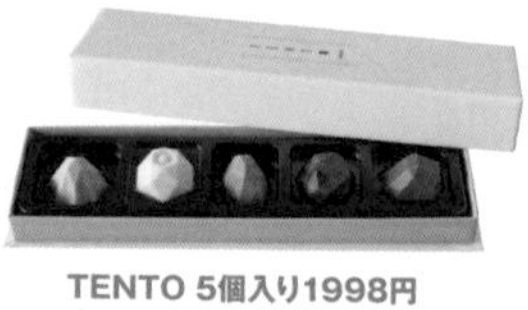

TENTO 5個入り1998円
太陽からインスピレーションを受けたチョコレート

**老舗和菓子店がリニューアル
かわいいお菓子がずらり**

TENTO chocolate

テントチョコレート

日光東照宮御用達の老舗和菓子店。こだわりの羊羹のほか、ラスクなどもラインアップ。キュートな見た目にファンも多い。

和菓子 ☎0288-53-0534 住日光市上鉢石町1038-1 営11:00～16:00 休不定休 Pなし 交バス停神橋からすぐ MAP付録① B-2

神橋のそばにあるモダンな店舗

日光みやげ、日光彫の起源は？

家光の命で東照宮を造り替えた時、全国から集まった彫物大工が余暇を利用して彫ったものを販売したのが起源だそう。

掛け香
1300円
京組紐の房が美しいオリジナルの掛け香

御用邸 金つば
850円
菊の御紋型のきんつば。日光田母沢御用邸記念公園オリジナル

御用邸の歴史を感じるセンスの良い品々

日光田母沢御用邸記念公園

にっこうたもざわごようていきねんこうえん

1899（明治32）年に造営された、後の大正天皇のご静養地。江戸から大正期の建築様式が共存する全106室の建物は、国内最大級の木造建築。

ギフトショップ ☎0288-53-6767 ⌂日光市本町8-27 ◷9:00～16:00 休火曜（祝日の場合は翌日休、GWなどは無休） ¥600円 Pあり ‼バス停日光田母沢御用邸記念公園からすぐ MAP付録② C-2

秋にはカエデなど美しい紅葉が楽しめる

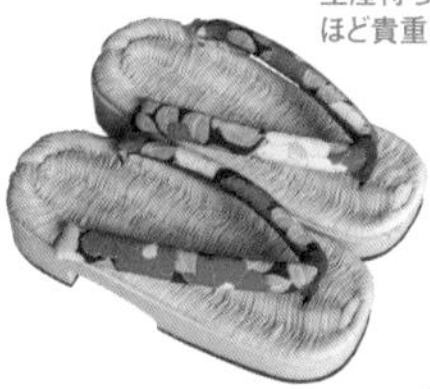

日光下駄
24200円～
生産待ちがかかるほど貴重な下駄

バッジ
各200円
日光本町郵便局の風景印（消印）がモチーフ

この土地ならではの掘り出し物が見つかる

吉見屋

よしみや

画家・香川大介氏がセレクトした商品は、珍しい一品ばかり。香川氏が描いたダイナミックな絵画もあわせて堪能したい。

セレクトショップ ☎0288-87-4032 ⌂日光市安川町5-19 ◷10:00～16:00 休日～火曜（1～3月は冬期休業） Pなし ‼バス停西参道入口からすぐ MAP付録① A-2

古い日本家屋を改装した趣ある店

麦ころ いちご10個入648円
丸くてコロンとした口どけの良いクッキー

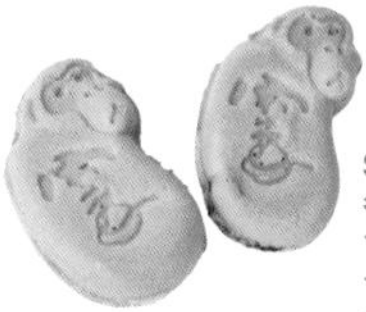

SOPPO焼
各324円
つぶあんとカスタードの2種類。そっぽを向いた猿がかわいい

和でも洋でもない新ジャンルの菓子店

にほんかし 雲IZU 日光店

にほんかしくもイヅにっこうてん

和と洋をミックスした「にほんかし」をテーマに、昔ながらの味わいを守りながら作られるお菓子が並ぶ。クリームたっぷりの冷たい生どら焼きも人気。

にほんかし ☎0288-25-5158 ⌂日光市上鉢石町1018 ◷10:00 ～ 16:00（時期により変動あり） 休水曜（時期により変動あり） Pなし ‼バス停神橋からすぐ MAP付録① B-2

白い外観にあずき色の看板が目を引く

定番の日光みやげといえば、羊羹とチーズケーキ。店によって味わいが異なるので食べ比べてみましょう。

湖畔の景色を楽しむ 中禅寺湖さんぽ

透明度が高く、空の青より青いといわれるほど美しい中禅寺湖。
周囲を山々で囲まれ、紅葉の名所としても知られています。
遊歩道が整備された湖の北岸は絶好の散策コースです。

散策できるよう整備された中禅寺湖畔でのんびり時間を過ごせる

スワンボートで
湖上をおさんぽ

かつて外交官や進駐軍が
利用していた施設も多い

二荒山神社の大鳥居
越しに湖が広がる

半月山展望台か
らは中禅寺湖が
一望できる

空と湖面が赤く染ま
る夕暮れは幻想的

四季折々に表情を変える
勇壮な滝

華厳滝 けごんのたき

断崖から落差97mを一気に流れ落ちる豪快さが魅力。エレベーターで滝壺まで降りると、間近で大迫力の滝が眺められる。早朝には大量の水しぶきによって作られた虹が、冬には凍結した氷柱が見られることもある。

和歌山の那智ノ滝、茨城県の袋田の滝とともに、日本三名瀑と呼ばれる

滝 ☎0288-55-0030（華厳滝エレベーター）
住 日光市中宮祠2479-2 時 8:00～17:00（時期・状況により異なる）
休 無休 ¥ エレベーター 570円 P あり
バス停中禅寺温泉から徒歩5分 MAP 41

湖畔に鎮座する古社

二荒山神社中宮祠 ふたらさんじんじゃちゅうぐうし

勝道上人が男体山頂を極め二荒山大神を祀ったのが始まり。山頂の奥宮と日光山内の本社との間にあるため中宮祠と呼ばれる。社殿は重要文化財に指定されている。

1 縁結びの松や御神木のイチイなどで祈願を　2 男体山への入口、登拝門

神社 ☎0288-55-0017 住 日光市中宮祠2484 時 8:00～17:00（11～3月は9:00～16:00） 休 無休 ¥ 宝物館500円 P あり バス停二荒山神社前からすぐ MAP 41

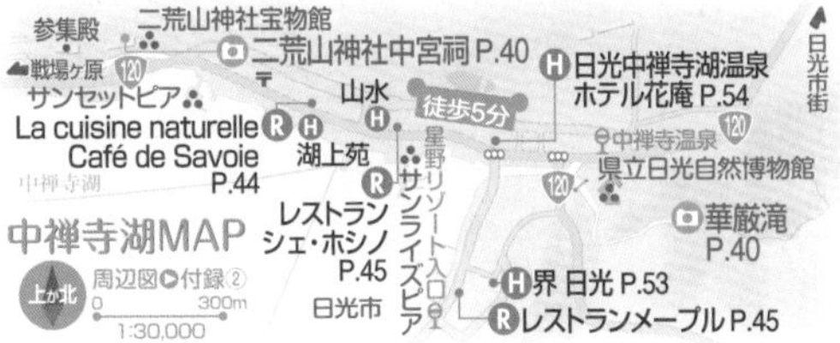

避暑地として知られた中禅寺湖

外国人も日本国内を旅行できるようになった明治時代。夏でも涼しい気候と豊かな自然が好まれ、諸国の外交官たちが多く訪れました。

中禅寺湖と華厳滝を眺められる展望台

明智平展望台 あけちだいらてんぼうだい

上り専用の第二いろは坂を上り切る間際にあり、展望台の標高は1373m。駐車場すぐ横の明智平駅からロープウェイに乗車すれば、約3分で奥日光の自然美を一望できる展望台に到着する。特に、新緑と秋の紅葉の風景は壮観。

展望台 ☎0288-55-0331（明智平ロープウェイ） 住日光市細尾町深沢709-5 ⏰9:00～15:30 休荒天時等 ¥往復1000円 Pあり バス停明智平からすぐ MAP付録② B-2

1中禅寺湖から流れ落ちる華厳滝や男体山を周囲の自然とともに一望
2かわいらしいゴンドラリフトで展望台へ

1開放的な屋外デッキ 2 1階には中禅寺湖でのレジャーフィッシングの歴史やマス類の剥製などを展示

屋外デッキで湖の景観をひとりじめ

中禅寺湖畔ボートハウス

ちゅうぜんじこはんボートハウス

1947（昭和22）年に建設された「日光観光ホテル」（現中禅寺金谷ホテル）のボートハウスを復元した施設。湖にせり出したデッキから、中禅寺湖のすばらしい眺めが堪能できる。

展示・展望施設 ☎0288-55-0880（日光自然博物館） 住日光市中宮祠2485-8 ⏰4～11月、9:00～17:00（時期により異なる） 休期間中水曜（祝日の場合は翌日休、6～11月は無休） ¥無料 Pなし バス停中禅寺金谷ホテル前からすぐ MAP付録② A-2

ひとやすみするなら

金谷ホテル直営のカフェ

コーヒーハウス ユーコン

テラス席からは中禅寺湖が一望できる

国道沿いにあるログハウス風のコーヒーハウス。大正時代のレシピを再現した、百年ライスカレー 2800円（テイクアウト2700円）がおすすめ。

カフェ ☎0288-54-0007（金谷ホテル） 住日光市中宮祠2482 ⏰11:30～15:00（時期により異なる、冬期休業あり） 休HPで要確認 Pあり バス停中禅寺金谷ホテル前からすぐ MAP付録② A-2

緑に囲まれた露天風呂

空ぶろ そらぶろ

バスタオル・フェイスタオルを貸してくれるので、気軽に利用できる

中禅寺金谷ホテルの温泉施設。源泉は奥日光・湯元から引いた硫黄泉。内湯と露天風呂があり、日中は立ち寄りでの利用もできる。

温泉施設 ☎0288-51-0001（中禅寺金谷ホテル） 住日光市中宮祠2482 ⏰13:00～15:00 休無休（メンテナンス休業あり） ¥入浴1500円 Pあり バス停中禅寺金谷ホテル前から徒歩3分 MAP付録② A-2

中禅寺湖遊覧船は4月中旬～11月30日の毎日運航。湖畔の名所をめぐる中禅寺湖一周コース（所要55分）は1680円です。

外交官たちに愛された避暑地へ 中禅寺湖クラシカル探訪

明治時代から昭和初期にかけて、外国人の避暑地として発展した中禅寺湖畔。美しい湖の周辺には、当時の面影を残す建造物が今も残っています。自然を愛でながら、バカンス気分で散策が楽しめるエリアです。

歴代大使が滞在した
湖畔にたたずむ別荘

イタリア大使館別荘記念公園

イタリアたいしかんべっそうきねんこうえん

1928(昭和3)年に建てられ、1997年まで使われていたイタリア大使館の別荘。その後、県が往年の姿に復元した。和洋の建築が調和した建物で、暖炉のある書斎や居間、湖を見渡す寝室などを見学できる。

☎0288-55-0880(日光自然博物館)
⌂日光市中宮祠2482 ⏲4～11月、9:00～17:00(4月、11月11～30日は～16:00)
休5～11月は無休(4月は月曜) ¥300円
Pなし(県営歌ヶ浜駐車場から徒歩15分)
👣バス停中禅寺温泉から徒歩30分
MAP付録② B-2

建築家アントニン・レーモンドによるクラシカルな設計。80年以上前のソファーに座り、優雅な気分に浸って

1大使が執務を行なっていたという暖炉のあるクラシカルな書斎 2窓からは絵画のように美しい中禅寺湖が見渡せる 3森の景観を生かした副邸では、中禅寺湖の歴史を紹介
4大使が使用した食器が置かれたおしゃれなダイニング 5緑に包まれた本邸。新緑や紅葉の時期に訪れて

ティールームで英国文化を体験

英国大使館別荘の2階ティールームは、メニューはもちろん、家具も食器もイギリス大使館の監修のもと選ばれたものばかりです。

1 2階のティールームでは英国紅茶と駐日英国大使館シェフ監修のスコーンのセット1500円が楽しめる 2 3 目の前に湖が広がる 4 中禅寺湖畔を愛したアーネスト・サトウに関する展示も 5 ウィリアム・モリスデザインのケース 6 緑に囲まれた別荘

ビクトリア朝時代の英国文化に親しめる

英国大使館別荘記念公園

えいこくたいしかんべっそうきねんこうえん

英国大使館別荘として使われてきた建物を復元した施設。外交官アーネスト・サトウの生涯を軸に、国際避暑地としての奥日光や、ビクトリア期の英国文化・芸術を紹介している。

☎0288-55-0880（日光自然博物館） 日光市中宮祠2482 4～11月、9:00～17:00（4月、11月11～30日は～16:00） 休 5～11月は無休（4月は月曜） ¥300円 P なし（県営歌ヶ浜駐車場から徒歩12分） バス停中禅寺温泉から徒歩30分 MAP 付録② B-2

大使館で使われていた家具も

イタリアと英国、どちらの別荘記念公園も見学するなら、共通券450円がおすすめです。

新鮮なニジマス、ヒメマスを堪能
中禅寺湖グルメをいただきます

中禅寺湖の幸・ニジマスやヒメマスは、古くから西洋料理の食材として親しまれてきました。身が締まり脂もほどよくのったマスをムニエルやくん製など、さまざまな調理法でご賞味あれ。

1

2

3

4

5

1ニジマスのムニエルがメインのメニューレジェール 2栃木県産豚肉のロースト 31000円前後の手頃なメニューもそろう 4メニューは時期により異なる 5デザートは各種600円。ランチでは500円で付けられる

menu

プリフィクスランチ 2200円～
メニューテロワール 4400円
メニュービフテック 6200円

気取らない雰囲気でゆっくりコース料理が味わえる

素材の味を生かした奥日光のフランス食堂

La cuisine naturelle Café de Savoie

ラキュイジーヌナチュレルカフェドサヴォア

フランスやベルギーで修業を重ねたシェフが提供するのは、栃木の食材を生かしたヨーロッパの田舎料理。カジュアルな雰囲気の店内で、コース料理やアラカルト、スイーツなど多彩なメニューが味わえる。おすすめは前菜付きのプリフィクスランチ。

フランス料理 ☎0288-55-1150 日光市中宮祠2478 11:30～14:30、18:00～20:00(冬期は要予約) 休水曜(1～3月は不定休) Pあり バス停郵便局前からすぐ MAP41

中禅寺湖は川魚の宝庫

ニジマスやヒメマス以外にも、ホンマス、ワカサギなどさまざまな川魚が生息する中禅寺湖。釣り好きにも人気のスポットです。

基本の食材でオリジナルのフレンチを味わう

レストラン シェ・ホシノ

南仏風の建物が印象的なレストランで、中禅寺湖のマスなど地元の素材に独自のアレンジを加えた料理が味わえる。おすすめは旬の素材を生かしたコース料理。

フランス料理 ☎0288-55-0212 日光市中宮祠2478 ⏱11:30～15:00、18:00～20:00 休木曜 Pあり バス停遊覧船発着所からすぐ MAP41

menu

ランチコース 2530円～
田舎道コース 3520円

1ランチコースにはニジマスのムニエルも。白ゴマのブラマンジェなどデザートも好評 2木やレンガを配した落ち着きのある店内 3湖畔に建つ一軒家

menu

とちぎ和牛の手ごね
ハンバーグランチ 2600円
とちぎ和牛の
ビーフシチューランチ 2800円

1とちぎ和牛のハンバーグランチ。セットで付いてくるパンは自家製の焼きたて 2中禅寺湖を望むかわいい洋館 3とちぎ和牛のビーフシチューランチ

とちぎ和牛と マス料理が味わえる店

レストランメープル

中禅寺湖畔に建つ、湖の眺めがすばらしいレストラン。中禅寺湖でとれたニジマス、ヒメマスやとちぎ和牛を使った料理が人気。桜のチップでていねいにいぶした自家製スモークもぜひ味わって。

レストラン ☎0288-55-0713 日光市中宮祠2482 ⏱10:00～17:00（17:00～は予約のみ、12～3月は10:00～16:00） 休無休（12～3月は不定休） Pあり バス停中禅寺温泉から徒歩8分 MAP41

漁獲量も減って貴重なヒメマスは、中禅寺湖でぜひ味わいたい魚。7～8月がおいしい季節です。

窓に広がる景色もごちそう
特等席でおいしい食事を味わう

**雄大な自然の風景や、美しく整備された庭園、
窓から広がるすばらしい景色は
とっておきの料理をいっそうおいしくしてくれます。**

絶景をひとりじめできるテラスのコーナー席

一番の特等席から霧降ノ滝を眺める

山のレストラン

‖霧降高原‖やまのレストラン

霧降高原の一角に建つレストランで、グリル中心のダイナミックなオリジナル料理が味わえる。店内は木の温もりにあふれ、窓越しに美しい樹木や遠くの山々が見渡せる。とりわけテラス席から一望する霧降ノ滝は圧巻。「明治の館」のチーズケーキなどスイーツを販売するコーナーも併設。

洋食 ☎0288-50-1525 ⌂日光市所野1546-2 ⏱10:00～19:00（冬期は11:00～）休水曜（祝日の場合は不定休）Ⓟあり
バス停霧降の滝からすぐ MAP付録② C-2

山の景色を楽しみながら味わいたいコース料理4400円～

チーズの酸味とパセリの苦みが、ニジマスの甘みを引き立てる

menu

ニジマスのチーズ焼き 2530円
Aセット 1650円
Bセット 2750円
A・Bセットともにスープ・ライスorパン・サラダ・チーズケーキ・コーヒー付き
Bセットにはオードブル付き

カナダ材をふんだんに取り入れた店内は、窓が広く開放的

長年愛され続ける伝統のチーズケーキ660円

絶景の霧降高原と中禅寺湖

緑や季節の花に囲まれた霧降高原はドライブやハイキングにもぴったり。中禅寺湖の湖畔は、湖と山々を望むビュースポットです。

のどごしなめらかな田舎そばを古民家の眺めとともに

小休止 のうか

‖今市‖こやすどのうか

大正ロマンの雰囲気漂う、和モダンなそば処。50年ほど前に建てられた一軒家では、厳選したそば粉を使用した手打ちそばがいただける。そばは風味と香り、のどごしの三拍子がそろい、何度でも足を運びたくなる美味しさ。山菜など、四季折々の恵みとともに、茹でたての手打ちそばをいただける。

蕎麦 ☎090-7736-3354 住日光市小林71 営11:00～14:00（売り切れ次第終了）休木曜 Pあり 交東武今市駅から車で20分 MAP付録③ B-2

menu

小休止すぺしゃる 2300円

1自然豊かな場所に立つ古民家では、ほっこりとくつろげる 2そば・山菜の天ぷら・ゆば刺し・とろろ麦飯のセット。そばはのどごしなめらか 3一面ガラス張りの店内からは、趣ある庭園を望む

1ふっくらとしたニジマスの塩焼きにうどんかそば、またはご飯と味噌汁が選べる 2テラスから湖を一望できる 3季節ごとに彩りを変える風景も味わって

menu

姫鱒の塩焼定食 1800円
頂鱒の塩焼定食 1500円

レイクビューと湖の幸に感動

菖蒲ヶ浜レストハウス

‖中禅寺湖‖しょうぶがはまレストハウス

中禅寺湖北岸の砂浜・菖蒲ヶ浜に位置する、ロケーションが自慢のレストハウス。湖畔が一望できる店内やテラス席で、景色を楽しみながら食事ができる。マスの塩焼きや、マスのくん製、ワカサギの甘露煮など、湖の恵みを生かしたメニューが名物。

和食 ☎0288-55-0421 住日光市中宮祠2484 営4～11月、10:00～15:00 休期間中不定休 Pあり 交バス停菖蒲遊覧船発着所からすぐ MAP付録② A-2

紅葉の時期、日光エリアの道路渋滞はかなりのもの。お店の予約をしたときは、時間に余裕をみておきましょう。

自然の宝庫、動植物の楽園 戦場ヶ原でエコに親しむ

男体山の西麓に広がる、広大な湿原が戦場ヶ原。
100種以上もの植物が見られる、自然の楽園です。
散策を楽しんだあとは、温泉で疲れを癒しましょう。

ぐるっと回って

190分

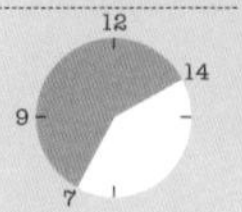

おすすめの時間帯

戦場ヶ原ハイキングコースは、竜頭ノ滝から湯滝まで全長6.3kmの散策路。湿原は四季折々に美しく、植物も数多く楽しめます。時間があればしゃくなげ橋から別ルートで小田代原《おだしろがはら》に足をのばすのもいいでしょう。

1広々とした湿原の中を歩ける
26〜8月には100種以上の植物が見られる戦場ヶ原 3泉門池から先は明るいミズナラの森を歩く
4湿原の中をゆったりと流れる湯川

こ・と・り・っ・ぷ・ら・ん

戦場ヶ原ハイキングコース MAP付録② A-2

1 竜頭の滝バス停

JR・東武日光駅から東武バス湯元温泉行きで1時間、竜頭の滝バス停へ到着。

2 竜頭ノ滝

階段状に流れる全長210mの滝。滝を左手に見ながら階段を登り、車道を渡ると遊歩道に。

3 赤沼分岐

ここから先が湿原地帯。湿原保護のため、必ず木道の上を歩きましょう。

4 泉門池（いずみやどいけ）

湿原を歩いていくと現れる池。池の水は湧き水で透明度が高いです。

5 湯滝

湯ノ湖の南側、落差70mの滝。遊歩道から間近に滝を眺められます。

6 日光湯元ビジターセンター

湯ノ湖脇の散策路を歩き湯元温泉へ。周辺は硫黄臭が漂っています。

7 湯元温泉バス停

周辺には日帰り入浴施設や足湯もあるので、立ち寄っていきましょう。

オオルリ

歩きやすい靴で出かけましょう

整備されている遊歩道ですが、歩きやすいスニーカーやトレッキングシューズがおすすめ。晴れていても雨具は持っていきましょう。

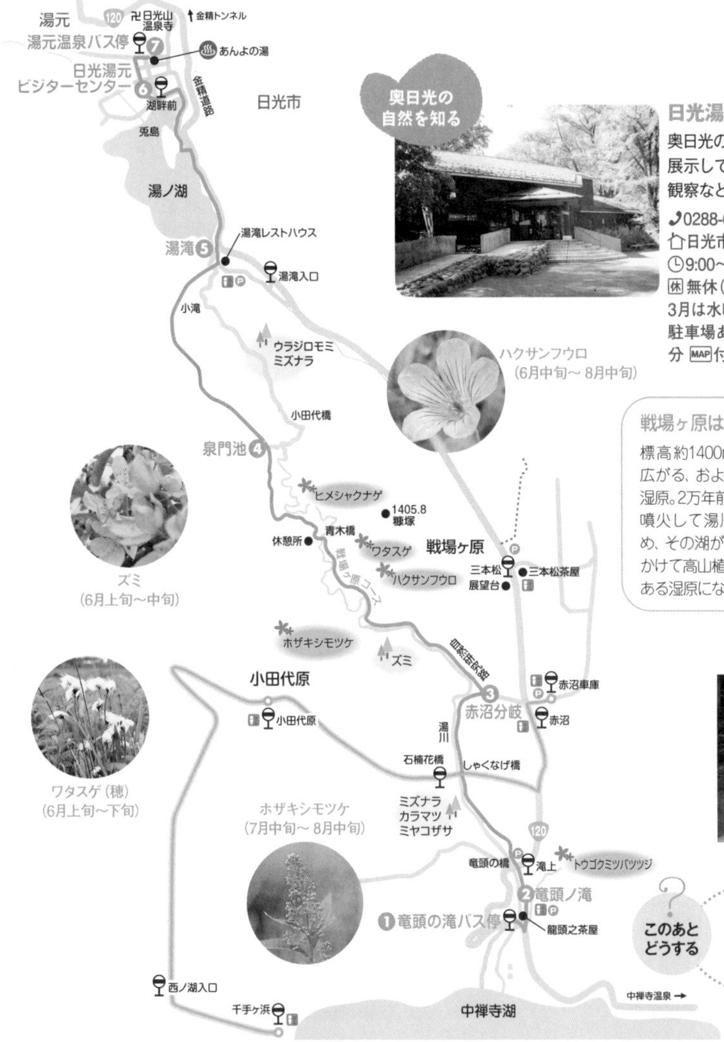

奥日光の自然を知る

日光湯元ビジターセンター

奥日光の自然に関する情報をわかりやすく展示している。季節や場所に応じて、自然観察など多彩なイベントを開催（要予約）。

- ☎0288-62-2321
- 日光市湯元官有無番地
- 9:00～16:00（時期により変動あり）
- 休 無休（12・1月は土・日曜、祝日のみ開館、2・3月は水曜休）¥無料 P なし（近隣に公共駐車場あり）バス停湯元温泉から徒歩3分 MAP 付録② A-1

戦場ヶ原はどうしてできたの？

標高約1400mの高地に広がる、およそ400haの湿原。2万年前、男体山が噴火して湯川をせき止め、その湖が長い年月をかけて高山植物の宝庫である湿原になりました。

岩肌を滑るように落ちる竜頭ノ滝

このあとどうする

P.44 中禅寺湖でランチする?

P.26～ 日光でランチする?

バス停湯元温泉から歩いてすぐの足湯施設、湯元園地 あんよの湯。バスの待ち時間にさっと浸れますよ。

いちどは泊まってみたい 憧れの日光金谷ホテルで過ごす週末

**明治創業の伝統ある建築と格別の趣を誇る
日光金谷ホテルには、昔から変わらない
ゆったりとした時の流れがあります。**

セレブ気分が味わえる
デラックスルーム

**憧れのクラシックホテルで
優雅なひとときを**

日光金谷ホテル

にっこうかなやホテル

創業は1873(明治6)年。増改築を経ながらも、開業当初の趣を今なお色濃く残すリゾートホテル。ゆっくりと流れる時間に身をまかせ、150年の歴史が息づく空間を堪能できる。

☎0288-54-0001 住日光市上鉢石町1300
時IN15:00、OUT11:00 室洋63
P あり 🚶バス停神橋から徒歩3分
MAP 付録① B-2

宿泊プラン
1泊2食付31000円~
金谷ホテル伝統のフレンチディナーの夕食と朝食が付く。

16:30 チェックイン

優雅な空間への旅の始まり

坂を上がってホテルに到着。厳かな趣を漂わせる外観に気分が高まります。木製の回転扉をくぐって館内へ入り、チェックイン。

プレートの「をす」の文字にも歴史を感じる回転扉

回転扉の上には美しい彫刻が

レトロなデザインのルームキー

17:00 お部屋でまったり

どこか懐かしい雰囲気の館内を通ってお部屋へ。この部屋にも著名人が宿泊したのかな? 歴史に思いを馳せつつ、ゆっくりすごしましょう。

部屋の窓から見える景色も素敵

「ライフスタイルのショールーム」をコンセプトに生まれた新館N35室

日光金谷ホテルで人気の部屋

創業以来、国内外の多くの要人を迎え入れてきたホテル。別館のヘレン・ケラーが宿泊したという角部屋が特に人気だとか。

18:00 ディナータイム

明治時代の装飾に囲まれたメインダイニングルームでディナー。歴代の料理長から受け継がれてきた伝統のフランス料理を味わいましょう。

(左)メインは伝統のメニュー・日光虹鱒のソテー 金谷風
(下)ドレスアップして出かけて

20:00 バーでくつろぐ

シングルモルトウィスキーは常時200種類以上を取りそろえる

食後はバーへ移動。真空管アンプからジャズが流れる空間は大人の雰囲気。冬期は暖炉に炎がゆらめきます。

神橋をイメージした神橋カクテル2000円(税・サ込)

7:00 朝のおさんぽ

ホテルの庭園から大谷川まで続く散策路をおさんぽ。

庭から河畔まで往復10分ほどの散策路

8:00 朝食

朝食の卵料理はふわふわのオムレツをチョイス。

朝のダイニングルームは、夜とは違うさわやかな雰囲気

卵料理とジュースの種類が選べる

10:00 おみやげ探し

館内を見学しつつギフトショップへ。おみやげにホテルのオリジナルグッズを購入します。

ピンバッジ 各850円
ルームキーやニジマスモチーフの金谷ホテルオリジナルピンバッジ

マグカップ 1800円
大正〜昭和初期のバケッジタグデザインの陶器マグカップ

11:00 チェックアウト

本館ロビー裏の展示コーナーや別棟の展示室「金谷の時間」で、ホテルの歴史やかつての調度品などを見学できます。

“ここだけ”のくつろぎ体験が待つ温泉宿「界」でのんびり

星野リゾートの温泉旅館「界」は、自然を感じる露天風呂はもちろん、
食事や館内の装飾にも地域色を取り入れた、豊かなおもてなしが自慢の温泉宿。
心地よさをとことん追求した空間で、極上のひと時を味わってみませんか？

1中庭がライトアップされる夜の散策も楽しい 2ベッドライナーには栃木の黒羽藍染を使用 3澄んだ音を奏でる益子焼の水琴窟 4鬼怒川の名湯をたたえる露天風呂 5焼けた石を入れて豪快に煮たてる龍神鍋 6地域文化や民藝などの本を用意しているトラベルライブラリー

伝統工芸の美と緑豊かな庭を楽しむ

界 鬼怒川

‖鬼怒川‖ かいきぬがわ

鬼怒川に面した丘の上にたたずむ温泉宿。中庭を囲むように並ぶ客室は、栃木の伝統工芸を取り入れた和モダンなしつらえ。四季の景色を望む大浴場のほか、温泉露天風呂付きの客室もある。地元の食材を生かした龍神鍋が名物。

☎050-3134-8092（界予約センター） 住日光市鬼怒川温泉滝308 時IN15:00、OUT12:00 室和48 Pあり 交東武線鬼怒川温泉駅から車で5分
MAP付録② D-1

宿泊プラン
1泊2食付31000円～

和漢生薬を用いたアメニティを用意

「界」ではシャンプーや化粧水などのアメニティも充実。和漢生薬成分がお肌を生き生きと整えてくれます。

渓谷の湯宿で里山の風情にひたる

界 川治

‖川治‖ かいかわじ

水車がのどかな雰囲気を漂わせる山間の宿。客室にはローベッドとソファがあり、くつろぎながら山の景色を楽しむことができる。夕食は里山の旬の味覚をそろえた会席料理。石臼を使ったきな粉作りなどの体験も。

☎050-3134-8092（界予約センター） 住日光市川治温泉川治22 ⏰IN15:00、OUT12:00 室和54 Ⓟあり 交野岩鉄道川治湯元駅から車で5分 MAP付録③ B-2

宿泊プラン
1泊2食付25000円～

1内装に地元の和紙を使った「野州麻紙の間」 2和牛、猪肉、きのこなど里山の恵みを味わう鍋 3川のせせらぎが心地いい露天の岩風呂 4非日常感を味わえる水車小屋

1日光の伝統美にふれられる「鹿沼組子の間」 2食前に卵で仕上げる「和牛と湯波の柳川仕立て」 3栃木の伝統工芸を窓の装飾に生かした「組子ライブラリー」 4檜の大屋根を設けた貸切風呂では肌に優しい温泉でゆったりできる

目の前に広がる中禅寺湖の絶景

界 日光

‖中禅寺湖‖ かいにっこう

中禅寺湖のほとりにある絶景の宿。広々とした客室は、ほぼすべてがレイクビュー。宮大工が伝える「鹿沼組子」を部屋の装飾に取り入れるなど、内装にも贅が尽くされている。特産のゆばなどを使った会席も評判。

☎050-3134-8092（界予約センター） 住日光市中宮祠2482-1 ⏰IN15:00、OUT12:00 室和32、和洋1 Ⓟあり 交バス停中禅寺温泉から徒歩10分または無料送迎バス3分 MAP41

宿泊プラン
1泊2食付35000円～

中禅寺湖や日光連山を望む「界 日光」の組子ライブラリーでは、ご当地の歴史や工芸にまつわる本とコーヒーが楽しめます。

心やすらぐ景色をのぞむ水辺の温泉宿

湖や川のある風景は心を優しく癒してくれます。
雰囲気のいい温泉がそこにあれば、リフレッシュ効果もさらに倍増。
水辺の温泉宿は究極のやすらぎスポットです。

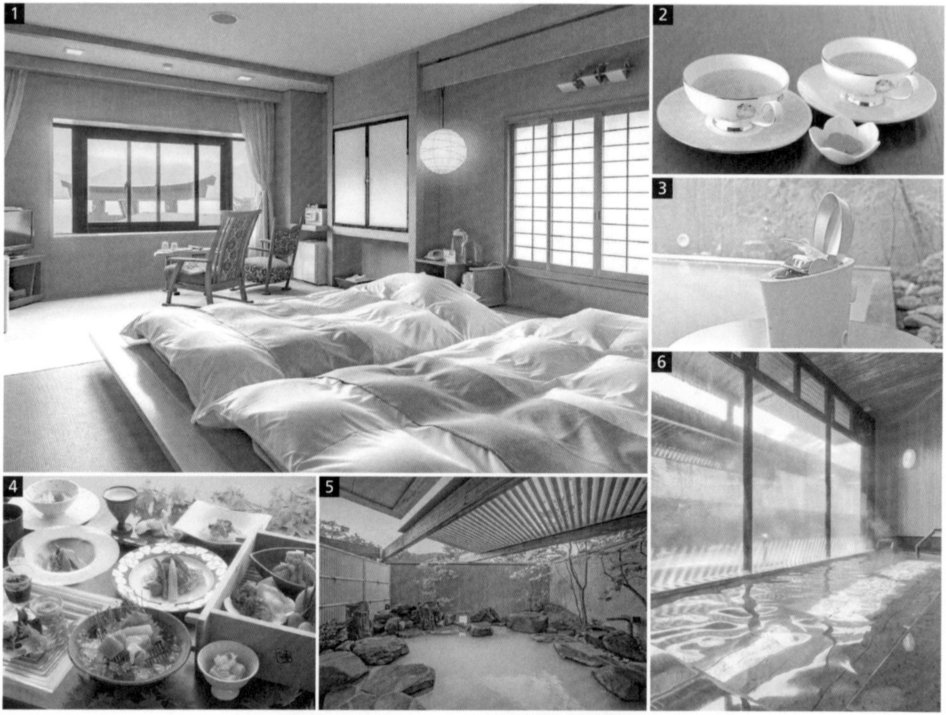

1琉球畳を敷いた和モダンな部屋 2ティープロデューサーが選ぶ紅茶でお出迎え 3美顔器のナノスチーマーの貸出しも 4朝夕40種の旬野菜を使用した和会席 5露天風呂はかけ流し硫黄泉 6石造りの内風呂

和モダンな客室から中禅寺湖を一望

日光中禅寺湖温泉 ホテル花庵 ‖中禅寺湖‖にっこうちゅうぜんじこおんせんホテルはなあん

中禅寺湖の入口にあり、全室がレイクビュー。客室のテーマカラーに日本の伝統色を使うなど、ホテルの快適性に和テイストを融合させている。お風呂ではかけ流しの硫黄泉と美肌効果の高いアルカリ泉の2種類が楽しめるほか、女性向けのアメニティも充実している。

☎0288-51-0105
日光市中宮祠2480
IN15:00、OUT11:00 室和 洋2、和8、洋12 Pあり バス停中禅寺温泉から徒歩5分 MAP41

宿泊プラン
1泊2食付24000円～

ホテル花庵の和雑貨ショップ

ホテル花庵のショップでは、レストランで使っているお箸やオリジナル巾着など、和モダンなテイストの雑貨を扱っています。

鬼怒川渓谷にたたずむ老舗ホテル

鬼怒川温泉ホテル

‖鬼怒川‖きぬがわおんせんホテル

結旅をコンセプトにした、細やかな気配りのおもてなしで愛されている老舗ホテル。客室は和室が中心で、和洋室のコンセプトルームもある。大浴場には10種の浴槽がそろうほか、露天付きの貸切風呂も女性に人気。

☎0288-77-0025
⌂日光市鬼怒川温泉滝545
ⓛIN15:00、OUT10:00
室和134、和洋21、洋7
Ⓟあり 👣バス停鬼怒川温泉ホテルからすぐ MAP付録② D-1

宿泊プラン
1泊2食付13900円～

1ブッフェでは石窯で焼くピッツァや厚切りローストビーフが人気 2 2022年にリニューアルした洋室は明るいモダンな空間 3川風が心地いい露天風呂 4貸切風呂は45分3300円

秘湯ムード漂う露天風呂

奥鬼怒温泉 ホテル加仁湯

‖奥鬼怒‖おくきぬおんせんホテルかにゆ

原生林に囲まれた秘境の宿。鬼怒川の渓谷美が広がる中に、趣もさまざまな露天風呂があり、泉質の異なる5つの源泉をかけ流している。大半は混浴だが、女性専用の露天風呂もある。料理は山菜や川魚が中心。

☎0288-96-0311 ⌂日光市川俣871 ⓛIN14:00、OUT10:00 室和48、洋4 Ⓟなし 👣バス停女夫渕から徒歩1時間30分（宿泊者は送迎あり、要連絡） MAP付録③ A-2

1広々とした女性専用の露天風呂 2別注の鹿たたきや舞茸の天ぷらなど山のごちそうが並ぶ夕食 3風情ある日本旅館風の建物

宿泊プラン
1泊2食付14450円～

ホテル加仁湯では、別注で鹿たたきや熊刺し、サンショウウオの天ぷらなどの珍しい料理も味わえます。

幸せを運んでくれる ご利益コレクション

絢爛豪華な世界遺産の建造物を堪能した後は、運気アップを祈願しましょう。日光山内の社寺には、いろいろなお守りや絵馬、お香などがそろっているので、お気に入りを見つけて旅のお供にしてみてはいかが。

三猿人生守 各800円

日光東照宮
P.18

良縁祈願絵馬 500円

二荒山神社
P.22

叶鈴守 800円

日光東照宮
P.18

そぞろあるき 各1000円
（宝物殿）
四季のセット 3500円

日光山輪王寺
P.24

御香守 各500円

日光東照宮
P.18

良い縁結ぶ守 1000円

二荒山神社
P.22

那須

古くから避暑地として知られる那須エリア。
茶臼岳の麓に広がる高原には、
アルパカやスナネコなどの動物たちがのんびり暮らしています。
また、酪農が盛んなこともあり、
チーズグルメの人気店も点在しています。

黒磯

自然の地形を生かしたアートスポットや
昔ながらの宿場町の雰囲気を残す、
レトロでかわいいお店が集まる黒磯エリアなど、
高原だけではない楽しみ方も増えてきています。

那須・黒磯を さくっと紹介します

**避暑地としても有名な高原リゾート、那須。
かわいい動物たちに会える牧場や、乳製品を使ったおいしいごはん、
そして宿場町として栄えた黒磯など、多彩な魅力あふれるエリアです。**

まずは旅の支度をととのえる

那須の玄関口は、JR那須塩原駅

那須高原を新幹線で訪れる場合に起点となるのが、JR那須塩原駅。駅構内の2階に観光案内所があります。パンフレットのほか、期間限定のイベント情報もここで入手できます。

那須地区総合観光案内所
☎0287-65-1690
🕒8:30～17:00 休無休

那須エリアのめぐり方

広くて高低差があるので、クルマやバスが便利

レンタカー

JR那須塩原駅西口に、レンタカーの営業所が集まっています。秋から冬は、事前にスタッドレスタイヤが装備されているか確認しましょう。

バス

JR那須塩原駅西口にバス乗り場があります。那須高原へ向かうなら3番乗り場、那須どうぶつ王国方面なら2番乗り場から。路線によっては本数が少ないので注意しましょう。

主要観光スポットをまわる「那須高原観光周遊バス」

「那須高原観光周遊バス」は、那須エリアの主要観光スポットや宿泊施設などをつなぐ便利な周遊バスです。一般路線バスや高速バスと乗り換えができる「道の駅那須高原友愛の森」を発着点に、A～Eの5コース（冬期は3コース）あります。1回乗車は800円ですが、1日乗り降り自由の観光周遊1DAYパスは1500円なので、複数箇所を訪れる予定があるなら1DAYパスの方が断然お得です。車内でも購入できますが、あらかじめ「道の駅 那須高原友愛の森」で購入しておきましょう。

コースの一例（Cコース）

道の駅那須高原友愛の森→ホテルエピナール那須→那須ステンドグラス美術館→一軒茶屋→南ヶ丘牧場→那須サファリパーク→道の駅那須高原友愛の森

詳細はこちら

詳細は那須町観光協会のHPへ

那須ロープウェイ山頂駅からの雲海

雲海が見られることがあります

雨が降ったり霧がかかっている時には、「国立公園 那須ロープウェイ」（P.67）で茶臼岳へ。雲海が見られることがあります。

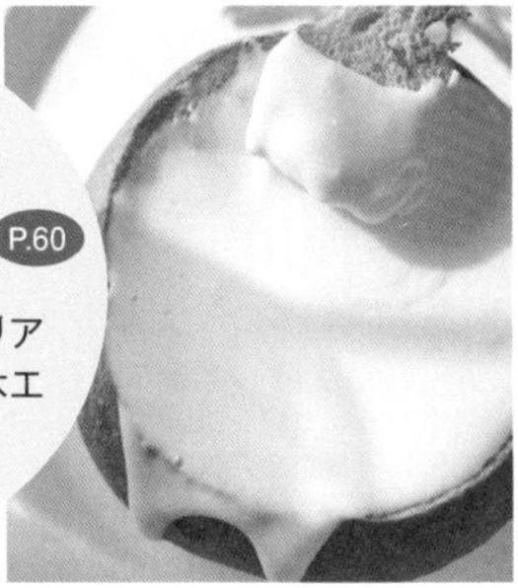

爽やかな高原リゾート

那須《なす》 P.60

さわやかな高原エリアのほかアートな青木エリアも見逃せない。

センスの良い店が並ぶレトロな町

黒磯《くろいそ》 P.72

伝説のカフェを中心に、おしゃれなお店が続々と増える注目エリア。

いま注目の町・黒磯P.72へは、JR那須塩原駅から在来線で1駅6分で行けますよ。

アート & グルメの注目スポットが点在 青木エリアをのんびりさんぽ

近年、海外からの観光客にも注目されている青木エリア。モダンアートにふれあったり個性溢れるショップをめぐって、印象深い旅の思い出をたくさん作りましょう。

©YOSHITOMO NARA

奈良氏が自らセレクトした自身の作品を展示

自然に囲まれてたたずむ現代アートスペース

N's YARD エヌズヤード

館内に展示されているのは、世界的アーティスト奈良美智氏と現代アート作家の作品。運が良ければ奈良氏の未発表作品に出会えるかも。アートを堪能したら、のんびりカフェタイムを。

現代アートスペース ☎0287-73-5711 住那須塩原市青木28-3 ⏱10:00〜17:00（16:30最終入場） 休火・水曜（12月中旬〜3月下旬は冬期休） Pあり 🚶JR那須塩原駅から車で15分、バス停青木別荘前から徒歩7分 MAP 61

野外彫刻「Miss Forest/Thinker」©YOSHITOMO NARA

1

2

©YOSHITOMO NARA

3

1自然に囲まれたロケーション 2ゆったりとした展示室 3奈良氏の創作活動を支えるコレクションも必見

ミュージアムショップ

オリジナルグッズが並ぶショップ。シーズン限定品もチェック！

1

2

1缶バッジ各390円 2アラビア製オリジナルマグカップ5800円

コナラカフェ

モザイクタイルがかわいいアート空間でランチやお茶にしましょ

1

2

1明るくナチュラルな空間 2外のコナラの木にはアート作品が

もっちりした食感のロゴ入りもち粉どら焼きセット1000円

奈良氏が絵付けした抹茶碗でいただく無農薬抹茶が人気

※展示風景・展示内容は2020年10月時点のもの。変更になる可能性あり

青木エリアはこんなところ

2018年のN's YARDオープン以来、世界的に注目を集めているエリア。地元食材を使ったレストランや老舗洋食屋も点在しています。

ロマンティックな洋館は まるでおとぎ話の世界

旧青木家那須別邸

きゅうあおきけなすべってい

1888(明治21)年に建築された、子爵・青木周蔵の別荘。1909(明治42)年に大規模な増築工事を行い、ほぼ現在の姿に。繊細な窓飾りがヨーロッパの邸宅のような雰囲気を醸し出している。

洋館 ☎080-7760-5554(道の駅 明治の森・黒磯管理事務所) 那須塩原市青木27 9:00～17:30(10～3月は～16:30) 休 月曜(祝日の場合は翌日休) ¥ 大人200円、小中学生100円 P あり(道の駅 明治の森・黒磯のP利用) バス停青木別荘前すぐ MAP 61

1 四季折々の美しい風景に囲まれた洋風建築 2 当時の面影を残す館内

周辺図 付録③ B-1

手づくりのおいしい和菓子をおやつに

茶房花苑 さぼうかえん

カフェのような和菓子屋さんには、毎朝手づくりされる上品な甘さのお菓子を目当てに、地元の人はもちろん観光客も立ち寄る。抹茶とお菓子のセットやあんみつなど、イートインメニューもおすすめ。

和菓子 ☎0287-74-6479 那須塩原市青木224-2 10:00～17:00 休 火・水曜 P あり バス停青木別荘前すぐ MAP 61

1 1個ずつから購入OK 2 オリジナルのどら焼き、那須まるん230円

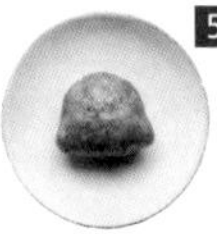

3 洗練されたインテリアの店内。ドリンク販売もある 4 抹茶とあんこのスコーン240円 5 草もち180円

爽やかな味わいのオリジナルチョコレート

Kotje Le Chocolat コッチェルショコラ

周囲の自然と調和したBean to Bar工房。店主が厳選したベトナム産カカオは柑橘類を思わせる爽やかな酸味が特徴。定番のタブレットのほか、地元の食材とコラボした新作や季節限定品も随時登場する。

チョコレート ☎0287-74-2031 那須塩原市青木139-18 10:00～16:00 休 日・月曜(仕入れによる臨時休あり) P あり バス停青木別荘前から徒歩10分 MAP 61

1 季節限定フレーバーもあるショコラボックス 2 タブレットは各820円～

3 お店の外観もチョコレート色 4 甘さ控えめなショコラシェイク550円～

ドライブ途中の散策なら、道の駅 明治の森・黒磯 MAP P.61を拠点に。2024年10月にリニューアルオープン予定です。

おいしいを見つけに
焼きたてパンとフレッシュなチーズ

風味豊かなパンと新鮮なチーズは那須高原の恵み。
お店ごとの個性溢れるパンやチーズは格別の味です。
お気に入りの味を見つけにショップめぐりをしてみましょう。

bread

大きな石窯で焼く 味も形も多彩なパン

くるみレーズンパン 800円
レーズンとクルミの味と食感が楽しい

パンドカンパーニュ
1160円
全粒粉使用。スライスしてチーズと一緒に

バゲット
367円
じっくりと発酵させたコクと風味が際立つ

NAOZO《ナオゾー》

種類ごとに小麦や酵母を厳選。薪を燃やして焼き上げられたパンは、外はパリッと、中はふんわり。飽きのこない食事パン、おやつサイズの小ぶりパン、焼き菓子が店頭に並ぶ。

☎0287-68-0192 ⌂那須塩原市西岩崎232-454 ⏱9:00〜18:00 休木曜(月1回程度水曜休、1・2月は水・木曜休) Pあり 🚶JR黒磯駅から車で20分 MAP付録③ B-1

"栃木"を感じる 独創的なパンが魅力

パーネ・アランチャ
530円
オレンジがフレッシュに香るバゲット

契約農家のとちおとめ
876円
とちおとめ果汁で仕込んだふんわりパン生地

ルヴァン・レーズン
917円
地粉「ゆめかおり」と自家製天然酵母を使用

パン香房ベル・フルール《パンこうぼうベルフルール》

赤レンガパンフェス金賞やカンブリア宮殿など、数々のメディアで紹介された高原のベーカリー。那須の食材にこだわった見た目にも美しいオリジナルのパンがそろう。

☎0287-76-7008 ⌂那須町湯本494-15 ⏱9:00〜17:00(売り切れ次第終了) 休木曜(時期により臨時休業あり) Pあり 🚶バス停ジョイア・ミーアすぐ MAP付録③ B-1

そのままでもおいしい もっちりベーグル専門店

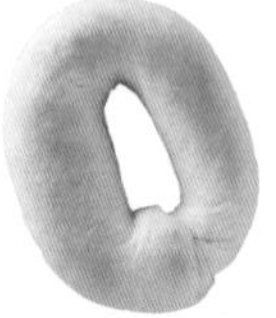

プレーンベーグル
130円
ベーシックな味で独特のもっちり感を堪能

かぼちゃベーグル
170円
北海道産えびすかぼちゃの素朴な味わい

ブラウニー
200円
ほんのりビター&スイーツなおやつ系

Bagel que-veau《ベーグルクーボー》

国産小麦ときび砂糖などで作る、そのまま食べてもおいしい、もっちり食感のベーグル。翌日はややしっかりとした食感になるので、フィリングでサンドイッチにアレンジして。

☎0287-62-1484 ⌂那須町高久乙23-4 ⏱9:30〜18:00(売り切れ次第閉店) 休月・火曜(祝日の場合は翌日休) Pあり 🚶バス停田代小学校から徒歩3分 MAP付録③ B-1

個性豊かな那須のチーズ

酪農が盛んな那須高原では、新鮮な牛乳を使った乳製品が特産品。牧場直営のチーズ工房もあるので、食べ比べもおすすめです。

cheese

森の中のレストランで 風味豊かなチーズ料理を

チーズリゾットランチ 2480円
黒胡椒がアクセント。前菜、スープ付き

1ハイジ気分で熱々ラクレットを 2リゾットの仕上げはテーブルサイドのワゴンで

Licca

リッカ

アルデンテのリゾットにパルメザンチーズをたっぷりからめるチーズリゾットなど、本格派の味が楽しめるアットホームなレストラン。木漏れ日のテラス席も心地いい。

0287-74-3050 那須町湯本213-916
11:00～21:00 休不定休 Pあり
バス停新那須から徒歩13分
MAP付録③ B-1

チーズがたっぷりの おしゃれなデリ

チーズパンデュ 800円
パンの中に特製チーズソースがたっぷり

1ピザクアトロフォルマッジ890円 2御用邸チーズケーキ1680円をおみやげに

チーズガーデン那須本店

チーズガーデンなすほんてん

店内のゆったりとしたカフェテリアでは、小腹を満たしてくれるチーズをふんだんに使ったサンドイッチやデリを販売。毎日手づくりされる焼菓子やドリンクもある。

0287-64-4848 那須町高久甲喰木原2888 9:00～18:00（時期により変動あり）休無休
Pあり バス停チーズガーデン前から徒歩5分
MAP付録③ B-1

新鮮な牛乳から作られる 濃厚な手づくりチーズ

チーズのたまり漬けモッツァレラ 720円
さけるチーズ 730円
看板商品のたまり漬けシリーズ

澄白フレッシュチーズ660円

澄白フレッシュモッツァレラ810円

あまたにチーズ工房

あまたにチーズこうぼう

栃木県内初のチーズ工房。放牧で育てられた牛の乳を使ってひとつひとつ手づくりする濃厚なチーズは、昼頃には完売することも。風味豊かなバターやミルクソースもおすすめ。

0287-76-2723 那須町湯本206-530
10:00～17:00 休水曜 Pあり
バス停新那須から徒歩13分
MAP付録③ B-1

道の駅 那須高原友愛の森は、那須町で作られるチーズの品ぞろえが豊富。おみやげの購入に便利です。

高原の景色もごちそうに 緑に囲まれたカフェ＆レストラン

**静かな時間が流れる一軒家のカフェやレストラン。
おいしい食事やスイーツと一緒に、
ゆったりとした時間を過ごしてみませんか。**

開放的なウッドデッキは 雄大な那須連山を一望

Cafe Facile

カフェファシル

自慢は店内からも望める那須連山の景色。さらに夏は周囲の緑が、冬は薪ストーブの温もりが癒やしの時間を演出する。地元産の味噌をソースに使ったハンバーグなどフードも充実。

☎0287-62-5577 住那須町高久甲5462-1 ⏰10:00～16:00（時期により変動あり） 休不定休 Pあり 🚶バス停チーズガーデン前から徒歩3分
MAP付録③ B-1

1高い天井と大きな窓が開放的 2那須牛乳、那須御養卵で作るファシルプリン440円。ハンドドリップのスペシャリティコーヒーと一緒に堪能して 3リゾート気分が高まるテラス席 4蔵楽ちゃうす米麹甘味噌ハンバーグセットドリンク付き1760円

1日光国立高原内にあり、ガラス張りの窓辺席で森林浴気分が味わえる 2焼きチーズケーキ450円、カフェラテ630円 3雑貨や衣類の販売コーナーもある 4イタリアの星付きレストランで修業した本格的な一皿も

森林浴を楽しむ 木立の中の一軒家カフェ

ダイニングカフェ ボリジ

窓一面に広がる那須の雑木林を壁紙代わりに、カフェや食事が楽しめる。昼夜通しで営業しているので、カフェタイムだけでなく、洗練されたイタリアンも味わいたい。

☎0287-78-2776 住那須町高久乙2731-12 ⏰11:30～15:30（ランチは～14:30）、18:00～19:30（平日のディナーは前日予約） 休水曜、月2回火曜 Pあり 🚶バス停上新屋からすぐ
MAP付録③ B-1

食材豊富な那須高原

那須連山から湧く清らかな水と大きな寒暖差で、質のいい野菜が育つ那須高原。お肉や卵など栃木県ブランドの食材もそろいます。

那須産野菜がたっぷりのオリジナル料理を

Restaurant cu-eri

レストランクエリ

メニューはフランスの田舎料理やアメリカ南部の料理をベースにしたオリジナル。採れたて新鮮な野菜は自家菜園と那須産のもの。そば粉の風味が引き立つガレットで堪能して。

☎0287-74-6511 ⌂那須町高久甲5706-41 ⏲11:00〜14:30、17:30〜21:30（冬期は〜20:00）
休火曜（冬期不定休）
Pあり
バス停GOOD NEWSから徒歩5分
MAP付録③ B-1

1季節のガレット1550円はドリンク付。そば粉も那須産 2テーブル間がゆったりとした店内 3「那須高原野菜のバーニャカウダ栃木県産酒粕のディップで」は8〜15種類の旬野菜をたっぷりいただける

那須のめぐみ旬香御膳（要予約）2780円。那須の大地の恵み、滋養のある季節料理を詰め込んだ御膳。主菜は野菜料理または肉料理のどちらかを選ぶ。主菜が肉料理の御膳は3350円

夫婦で営む予約制の自然派レストラン

Ours Dining アワーズダイニング

自家菜園で育ったとれたて野菜と地元有機野菜、天然調味料など素材にこだわった食材から、旬の薫る創作料理でもてなしてくれる。ディナーはおまかせのコース。

☎0287-64-5573 ⌂那須町高久甲5834-14 ⏲12:00〜13:30（閉店は15:30）、18:00〜19:00（閉店は21:00）※ランチは当日まで、ディナーは前日までに要予約 休水〜金曜、冬期休業あり（1月中旬〜3月中旬） Pあり バス停田代友愛小学校前から徒歩20分 MAP付録③ B-1

1ナチュラルテイストのインテリアが落ち着く空間 2料理を彩るのは新鮮な有機野菜。旬の濃厚な味に感動

景色のいいテラス席があるカフェやレストランも多い那須高原。ただし、冬期はクローズしていることもあるので注意してくださいね。

高原の心地よい空気を感じる
那須の素敵な場所へ

広大な那須エリアのなかでも、
高原らしい広々とした雰囲気を楽しめるスポットへ。
清々しい空気でリフレッシュできますよ。

雑木林の中のナチュラルガーデン

CoppiceGARDEN

コピスガーデン

コピスとは「雑木林」を意味する英語。その名のとおり、自然のままの林に囲まれた、ナチュラルな雰囲気が魅力のガーデン。季節の移ろいとともに園内の花々の表情が変わるので、何度訪れても新しい発見がある。カフェではホームメイドのスイーツを味わえる。

☎0120-377-228
⌂那須町高久甲4453-27 ⓛ10:00～17:00（季節により変動あり） ¥500円～（季節により変動） 休不定休 Pあり 🚶バス停お菓子の城から徒歩5分 MAP付録③ B-1

1池のほとりにベンチが置かれた芝生の広場。緑に囲まれて、心も体もリフレッシュ 2国産の有機レモンを使ったパウンドケーキ500円と有機ハーブティー 580円 3四季折々の風景が楽しめるガーデン 4生活雑貨やガーデニングアイテムなどが並ぶショップ 5苗売り場では季節ごとの植物苗を購入できる

雲海はいつ見られるの？

6〜7月の梅雨時や、朝と夜の寒暖差が大きい秋、雨が降った翌日の早朝などに、雲海が出現する確率が高いそうです。

那須高原で、雲の上まで小旅行

国立公園 那須ロープウェイ

こくりつこうえんなすロープウェイ

茶臼岳の7〜9合目を結ぶ大型ロープウェイ。新緑や紅葉など、季節ごとに表情を変える景色を堪能できる。時期が良ければ、山頂駅の展望台から雲海を望むことができる。

☎0287-76-2449 ⌂那須町湯本那須岳215 🕒8:30〜16:30(季節により異なる) 休12月中旬〜3月中旬、荒天時 ¥往復1800円 Pあり ‼バス停那須ロープウェイからすぐ MAP付録③ B-1

1山麓駅が曇っていても、山頂駅で雲海が見られることも 2那須高原を代表する紅葉スポット 3山頂駅までロープウェイでひとっ飛び

四季折々の庭に癒やされるカフェ

garden AUX PARADIS

ガーデンオウパラディ

フレグランスメーカー「AUX PARADIS」が営むカフェで、四季折々の景色と木の温もりが心地よいゆったりとした空間。那須野が原牛を使ったハンバーグなどを堪能できる。

☎0287-73-8600 ⌂那須町簗瀬414-4 🕒11:00〜19:30(11〜2月は10:00〜17:30) 休月・火曜(祝日の場合は翌日休) Pあり ‼バス停簗瀬から徒歩13分 MAP付録③ C-1

1店の前に広がる手入れされた庭。ペットの同伴もできる 2季節のパスタ1100円。プラス200円でパンと2種類のクリームをつけられる 3併設のショップでは香水の量り売りも

森の中に生まれた新たな“まち”

GOOD NEWS グッドニュース

那須連山をあおぐ那須高原の広大な敷地内にある、レストランやベーカリーなど個性豊かな店を連ねた“森の中のまち”。那須ならではの食材を使ったお店のほか、県外の注目ショップも出店している。

☎非公開 ⌂那須町高久乙24-1 🕒9:00〜17:00(店舗によって異なる) 休第2木曜 Pあり ‼バス停田代小前からすぐ MAP付録③ B-1

1森の中に小さなお店が軒を連ねる 2那須名物「バターのいとこ」の本店。カフェも併設

3都内に6店舗を持つ「ONIBUS COFFEE」のカフェも 4スペシャルティコーヒーと、エスプレッソバターをのせたバナナブレッド 5黒磯の花屋が提案するアートギャラリー「Norfolk Gallery by Dear,Folks&Flowers」

myことりっぷ

その表情にキュン♥ 動物たちとほっこりふれあいタイム

明治時代から酪農が盛んな那須高原。観光牧場のほかにもユニークな動物たちに出会えるスポットも人気です。ほのぼのとした表情に癒やされにでかけましょう。

タカやミミズクなどの鳥たちが、お客さんの頭上スレスレを飛び交う、大迫力のバードパフォーマンス

砂漠の天使 スナネコ

砂漠地帯に生息するスナネコは、別名、砂漠の天使。顔に比べて大きな耳が特徴。

幻の白いオオカミ

滝や川が流れる自然に近い環境で、ホッキョクオオカミの姿が見られる

ペンギンビレッジではかわいい行進に遭遇。ランチタイムの餌やり体験もできる

かわいい野生の小動物もいっぱい

那須どうぶつ王国

なすどうぶつおうこく

自然豊かな広大な敷地の中に、150種600頭もの動物たちが暮らす。園内の各エリアでは自然の生態に近い動物の姿が間近で見られ小動物とふれあえる餌やり体験もできる。

☎0287-77-1110 ⌂那須町大島1042-1 ⏰10:00～16:30(土・日曜、祝日は9:00～17:00) 休水曜(冬期は特定日のみ営業) ¥2600円、わんちゃん待合室(犬の預かり施設)500円(2時間、以降2時間ごと500円) Pあり(有料1000円) JR黒磯駅から車で30分

MAP付録③ B-1

おみやげにもキュン♥

ちょこんと腰掛ける様子がかわいい、おすわりスナネコ990円

白雲石吸水コースター847円。アニマルのイラストがプリントされている

「マヌルネコの うた!」パッケージの、マヌルネコのパイ&クッキー1382円。

木の上にも注目

樹上ではエサを頬張るリスが見られるかも。ふさふさのしっぽがチャームポイント

マヌルネコは

マヌルネコのオス、ボル。紳士的でおとなしい性格

3匹いるよ

マヌルネコのメス、ポリー。元気なおてんば娘。このほかにレフくんの3頭が仲良く暮らしている

那須はアニマル天国!?

小動物のかわいさと野生動物の迫力を間近に感じる施設など、さまざまなアニマルスポットが点在。ペットと野生の違いも理解できます。

「アジアの森」にいるレッサーパンダ。手を伸ばせば届きそうな距離感

広大な放牧地に暮らすガーンジィ牛

那須高原 南ヶ丘牧場《なすこうげんみなみがおかぼくじょう》

那須岳のふもと、標高650mに広がる牧場。広大な放牧場でのびのび過ごす牛を眺めたり、ふれあい広場でヤギやヒツジにエサをあげたり。乗馬やアーチェリー、マス釣りなどの体験もできる。おみやげにはオリジナル乳製品がおすすめ。

☎0287-76-2150 住那須町湯本579
営8:00～17:30 休無休 ¥入場無料 Pあり
交バス停一軒茶屋から徒歩15分 MAP付録③ B-1

茶色の毛に白い模様が特徴のガーンジィ牛。飼育が難しい希少種で、ミルクはクリーミーでコクがあるのにスッキリした味わい。

乗馬体験もできます

1日に5000個売れたこともあるバニラソフト450円。クリーミーな名物ソフト

ソフトクリームも忘れずに

牛やヤギがいる観光牧場では、新鮮な牛乳で作った自家製ソフトクリームが人気。濃厚な味を堪能して。

四季にとけこむ特別な体験ができる那須高原を満喫する宿

リゾートステイを堪能できるホテルには極上の休日を演出するステキな体験プランがいっぱい。ココロもカラダもリフレッシュしましょう。

農と食と人にじかにふれて季節を感じる

星野リゾート　リゾナーレ那須

ほしのリゾートリゾナーレなす

宿泊プラン
1泊朝食付
24000円～

小川のせせらぎが聞こえる広大な森の中で、「アグリツーリズモリゾート」をテーマに豊かな自然を生かした農園体験やワークショップに参加できる宿。レストランでは瑞々しい野菜を使った料理が提供される。

☎050-3134-8093（リゾナーレ予約センター） ⌂那須町高久乙道下2301 ⏲IN15:00、OUT12:00 室洋41室、和洋2室 Ⓟあり 👣JR那須塩原駅から無料送迎バスで40分（要予約） MAP付録③ B-1

農園「アグリガーデン」では季節ごとの収穫が楽しい

1本館デラックスメゾネットは広々としてリゾート滞在が満喫できる 2アクティビティの拠点POKO POKO。石窯ピッツァのランチも提供 3大浴場には石造りの内湯と緑に囲まれた露天風呂が。歴史ある那須温泉の湯はじっくり温まる

宿泊プラン
1泊2食付
21050円～

ゆったり気ままな高原ステイを

THE KEY HIGHLAND NASU

ザキーハイランドナス

コンセプトは「豊かな高原を満喫」「自然との一体感」「オールインクルーシブ」。宿泊代のみでレストランでの飲食や、各種アクティビティが楽しめる。

☎0120-017-545（予約センター） ⌂那須町高久丙3243-342 ⏲IN15:00、OUT10:00 室洋27室、和洋9室 Ⓟあり 👣JR那須塩原駅から無料送迎バスで40分（要予約） MAP付録③ B-1

1森と一体になったようなインフィニティ露天風呂やロウリュサウナを備える 2季節を問わず利用できる全天候型のクアガーデン 3清潔感にあふれた客室は全6タイプがそろう 4那須高原で四季の移ろいや自然の美しさを満喫

体験メニューで思い出づくり

リゾートステイならではのアクティビティがそろう那須の宿。アート作品づくりや自然とのふれあいは印象深い思い出になります。

上質な和の空間で至福の休日を

那須高原の宿 山水閣 なすこうげんのやどさんすいかく

昭和初期の木造建築を生かした、温もりあふれる宿。13の客室は、一室ごとに間取りと設えが異なる。檜が香る大浴場のほか、2つの貸切風呂もある。半露天風呂付き特別室では、緑を眺めながらプライベートなバスタイムが楽しめる。

宿泊プラン
1泊2食付き
24350円〜

☎0287-76-3180 ⌂那須町湯本206
ⓘIN15:00、OUT11:00 室和13室 Pあり
バス停山水閣入口からすぐ MAP付録③ B-1

1特別室「梧桐」の半露天風呂。窓の外に広がる緑を眺めながら入浴できる 2しっとりした和の風情の中にモダンさが光る客室 3夕食は那須の新鮮な食材にこだわった山里懐石

全室に露天風呂と岩盤浴を備える

昔日（オールドデイズ） せきじつオールドデイズ

クラシカルモダンな雰囲気が漂う大理石張りの館内。プライベート感を重視した造りで、ゆったりとした休日を過ごすにはうってつけの宿。夕食では、地元食材を使った季節感のある創作料理が味わえる。

☎0287-76-3561
⌂那須町高久乙3814-17 ⓘIN15:00、OUT10:00
室和洋8室 Pあり バス停那須サファリパークから徒歩5分 MAP付録③ B-1

宿泊プラン
1泊2食付き
29500円〜

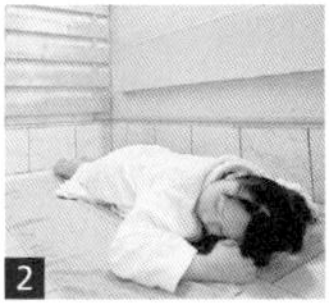

1全室に温泉露天風呂、内湯、岩盤浴が付く贅沢な造り 2ピンクシリカ石を使った岩盤浴は、デトックス効果も期待できる 3ゆとりのあるラグジュアリーな雰囲気の客室。設えの異なる4タイプの部屋を用意

自然に囲まれた那須高原の宿へは車での移動が便利です。ただし冬季は雪、凍結に注意が必要です。

新しくてどこかレトロな黒磯ショップめぐり

30年前にできたカフェを中心に賑わう町・黒磯。メインストリートには感性が刺激されるショップが建ち並び、訪れるたびに新たな出会いがあります。

自分だけの逸品を見つけに

SHOZO 04 STORE

ショウゾウゼロヨンストア

「1988 CAFE SHOZO」P.74に隣接したガレージの2階にある隠れ家的ショップ。思わず手にとって触れたくなるようなナチュラルな素材感のある洋服や雑貨など、作り手のストーリーを大切にセレクトしたアイテムを扱う。

洋服・雑貨 0287-64-4065 那須塩原市高砂町6-7 2F 11:00～17:00 休 不定休 P なし JR黒磯駅から徒歩12分 MAP 73

1明るい光にあふれる店内。アパレルから雑貨まで、年代、性別を問わないラインナップ 2色違いでそろえたくなる日常的なアイテムが並ぶ 3トートバッグ各8800円。底の文字がアクセント

1今日のブーケ1000円 2思わず足を踏み入れたくなる外観 3温かみを感じるボタニカルクロスが素敵。ディスプレイはゆったりとしている

旅先で花とのステキな出会いを

DEAR, FOLKS & FLOWERS

ディアーフォークスアンドフラワーズ

好きな花を1本ずつ選べるスタイルは、「花をもっと身近に感じてほしい」という店主夫妻の思いから。一期一会を大切にした季節に合わせた生花のほか、花をモチーフにした雑貨などが、日常に潤いをもたらしてくれる。

花 非公開 那須塩原市高砂町6-5 11:00～18:00 休 不定休（Instagramなどでお知らせ）P あり JR黒磯駅から徒歩10分 MAP 73

暮らしが楽しくなる雑貨たち

SOMA JAPON ソーマジャポン

作り手の温もりが伝わってくる雑貨は、生活に取り入れたら楽しくなるモノという視点で店主がセレクト。長く愛着を持って使える品々は、自分使いのアイテムとしてはもちろん、大切な人へのおみやげにもおすすめ。

0287-62-5320 那須塩原市高砂町6-5 11:00～18:00 休 不定休 P あり JR黒磯駅から徒歩10分 MAP 73

1シリーズでそろえたくなるシンプルで使いやすい食器 2トートバッグ21600円 3シャビーシックなペイントがおしゃれな外観

リノベーションの街 黒磯

1988 CAFE SHOZOP.74のオープン以来、古い倉庫や商店等をリノベーションした個性的なショップが誕生し続けているエリア。

パンの新しい魅力が発見できるカフェ

Iris bread & coffee

イリスブレッドアンドコーヒー

黒磯駅前の人気のパン屋さん「KANEL BREAD」がオープンしたカフェ。シドニー発祥のシングルオー・ジャパンのコーヒー豆を、その特徴に合わせて1杯ずつていねいにドリップ。パンとのマリアージュを楽しんで。

カフェ ☎0287-74-6877 住 那須塩原市本町5-2 ⏰9:00～17:00 休 火曜 P あり 🚶JR黒磯駅から徒歩5分 MAP 73

1 一番人気のグラチネ860円。自家製ロースハム、ベシャメル、チーズをサンドしたオリジナルのクロックムッシュ 2 隣接のKANEL BREAD。購入したパンはカフェでイートインもできる 3 古い家をリノベーションした店内 4 コーヒーはオーダーごとにドリップ

暮らす気分で訪れたい旅を豊かにする拠点

Chus チャウス

もと家具店をリノベーションした開放的な空間。中には那須の食と地域の魅力を発信する「Marche」「Table」「Yado」の3つの複合施設が。黒磯の心豊かな食や暮らしに触れながら、出会いや交流を楽しめる。

複合施設 ☎0287-74-5156 住 那須塩原市高砂町6-3 ⏰10:00～17:00(土・日曜は～20:00) 休 第2木曜 P あり 🚶JR黒磯駅から徒歩10分 MAP 73

1 人気のマルシェでは、生産者こだわりの野菜や加工品がそろう 2 シンプルな設えが心地いいゲストハウス 3 地元の食材と組み合わせたスパイスカレーが楽しめる、大きなテーブルが特徴のダイニング

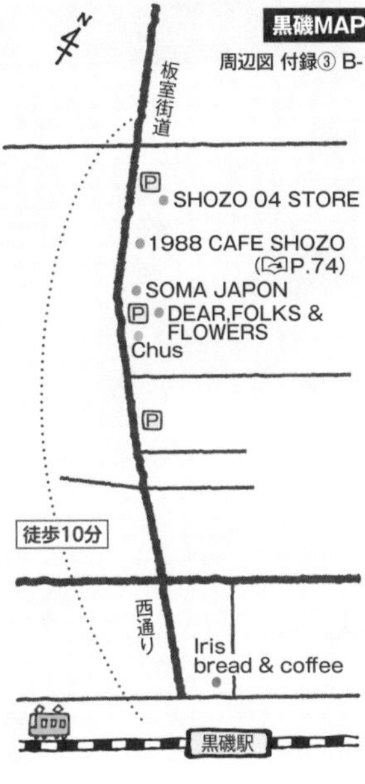

黒磯の中心部は、散策&ショップめぐりをするのにちょうどいいサイズ。気になるお店をゆっくり見てまわれます。

myことりっぷ

わざわざ行きたい 黒磯の街を変えた伝説のカフェ

黒磯の街で新たな賑わいづくりのきっかけになった1軒のカフェ。
古いアパートをリノベーションした空間には
人々を優しく包み込む温もりがあふれています。

大人の静かな時間を大切にする、間接照明の明かりが優しい空間

1

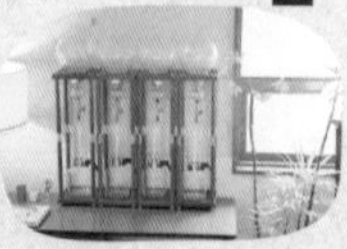

2

1インテリアとしても素敵な水出しコーヒーのドリッパー 2コーヒーのアロマも癒やし

3

3お気に入りの本と過ごしたいカウンター席 4中2階のスペースは少しゆったりした空間

4

5

5色違いの椅子がかわいい、3名だけで独占できるおこもりスペース

6

6ケーキシエスタ750円、カフェオレ680円

ゆっくり時間を愛おしむカフェ
1988 CAFE SHOZO
イチキュウハチハチカフェショウゾウ

全国のリノベーションカフェの、まさに先駆け。オープン以来、街の賑わいの中心として地域の人や旅行者に愛され続けている。コーナーごとに異なるテイストの客席は、どこに座ろうか迷う楽しみもありゆったりと自分時間が過ごせる。

0287-63-9833
那須塩原市高砂町6-6
11:00～18:30 休不定休 Pあり
JR黒磯駅から徒歩12分 MAP73

ギフトにも人気です

カフェ裏手の菓子工房「SHOZO OVEN」から届く焼きたてのお菓子は、テイクアウト用にも販売。みやげにもおすすめ。

サクサクとした食感のスコーンやクッキー、パウンドケーキなど、人気の焼き菓子が並ぶ

栃木市・足利
鹿沼・宇都宮

「小江戸」と呼ばれる栃木市は
蔵造りの建物や巴波川の舟行によって
当時の景観や風情がしのばれる蔵の街。
織物の街として栄えた足利には、
和を感じるスポットが数多く残っています。

路地裏めぐりが楽しいレトロな鹿沼や
荘厳な石造りの教会がある宇都宮にも
魅力的なお店がいっぱい。

新しい「すてき」を探す小さな旅に
出かけませんか。

栃木市・足利・鹿沼・宇都宮を さくっと紹介します

居心地のいい古民家カフェや、恋愛の神様を祀るパワースポット、川と蔵の情緒あふれる景観に、美しいカトリック教会……。個性あふれる、それぞれの街の魅力をご紹介します。

まずは旅の支度をととのえる

どのエリアも散歩にぴったり

どのエリアも名所やお店が密集しているのが特徴。景色がきれいなところも多いので、のんびり歩くのが最適です。さらに遠くを目指すなら、自転車やバスを利用してみて。

レンタサイクル・シェアサイクルが便利

各エリアでレンタサイクルまたはシェアサイクルを行なっており、自転車の利用もおすすめ。宇都宮はサイクリングのための休憩スペースやシャワースペースがあり、設備が充実しています。

レンタサイクル シェアサイクル 問い合わせ先

栃木市／栃木市市街地整備課
☎0282-21-2309
足利／足利市観光協会
☎0284-43-3000
鹿沼／okurabike
☎0289-64-2211
宇都宮／宮サイクルステーション
☎028-627-3196

それぞれのエリアの循環バスをチェック

リーズナブルに効率よく街めぐりができる循環バスやコミュニティバスで市内をまわってみましょう。

栃木市／ふれあいバス
☎0282-21-2153
(栃木市交通防犯課)

足利／あしバスアッシー
☎0284-20-2186
(足利市市民生活課)

鹿沼／リーバス
☎0289-63-2163
(鹿沼市交通政策係)

宇都宮／きぶな
☎0570-031811
(関東自動車)

栃木市なら遊覧船で回るのもあり

川と蔵で有名な栃木市では遊覧船という選択肢も。川めぐりの時間はおよそ20分間。川面からながめる景色を楽しみましょう。P.78

見どころたくさん 自然豊かな小京都

足利《あしかが》 P.82

縁結びで有名な神社、日本最古の学校など名高い建築物が多いエリア。

おしゃれなお店が軒を連ねる P.88

鹿沼《かぬま》

若きオーナーたちによるおしゃれなショップやカフェが集結。

宇都宮の大谷石って？

大谷石は、宇都宮市大谷町付近一帯で採掘される石材。この石を使った地下神殿のような「大谷資料館」P.94もチェックしてみて。

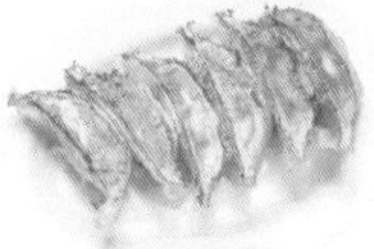

利便性抜群な県の中心地

宇都宮《うつのみや》 P.92

餃子とカクテルの街として有名。大谷石でできた教会も。

江戸の風情が残る川と蔵の街

栃木市《とちぎし》 P.78

風景のほかにも江戸料理や和雑貨店など歴史を感じるエリア。

栃木市と足利市の間にある佐野市には名物グルメがいっぱい。特に佐野ラーメンが有名です。

江戸の情緒を感じながら 蔵の街、栃木市をそぞろ歩き

河岸に並ぶ歴史的な蔵や遊覧船が浮かぶ巴波川は
まるで江戸時代にタイムスリップしたかのよう。
風情が香る栃木市の街を歩いてみましょう。

ぐるっと回って

3時間

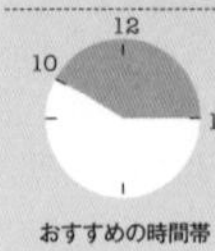

おすすめの時間帯

JRと東武線が乗り入れている栃木駅。駅から蔵の街へは徒歩で10分程度です。遊覧船で約20分の船上の旅を楽しんだあとは、川沿いの遊歩道を散策。食べ歩きやカフェめぐりでついつい時間を忘れてしまいそう。

1

2

3

4

5

1市の中心部にある巴波川と蔵、遊覧船の景色 2季節限定で見られる春のイベント、うずまの鯉のぼり。たくさんの鯉が空を泳ぐ 3蔵の街大通りに建ち並ぶ通称「五連蔵」。食べ歩きを楽しむこともできる 45銀行と麻問屋を営んでいた横山家の住居と庭園が公開されている、横山郷土館。庭には洋館がある

歴史ある川と遊歩道

巴波川と綱手道 うずまがわとつなてみち

栃木県南部を流れる巴波川。それに沿って歩きやすく整備された遊歩道、綱手道が続く。3月中旬～5月上旬には鯉のぼりが元気よく風に舞い、蔵の街・栃木の春の風物詩となっている。

川と遊歩道 ♪0282-25-2356（栃木市観光協会） MAP98 A-3

遊覧船は
ココで乗る

NPO法人 蔵の街遊覧船

エヌピーオーほうじんくらのまちゆうらんせん

舟頭さんが棹を操りながら、巴波川や蔵の街の歴史をユーモアたっぷりの語り口調で案内してくれる。

遊覧船 ♪0282-23-2003（待合所） 栃木市倭町2-6
10:00～16:00（12～2月は～15:00） 休荒天時、増水・減水時
¥乗船料1000円 Pあり JR栃木駅から徒歩10分
MAP98 A-3

1両袖切妻造りと呼ばれる貴重な建物。内部には帳場などを再現
2店舗兼住居、蔵、洋館は国の登録有形文化財に登録されている

明治からの意匠を残す貴重な建築物

横山郷土館

よこやまきょうどかん

明治時代の豪商・横山家の資料館。建物の向かって右半分は麻問屋、左半分は銀行だった。横山家所有の美術品、大正時代の洋館が建つ庭園などが見られる。

郷土館 ☎0282-22-0159 住栃木市入舟町2-16 ⏰9:00～16:30 休月曜（祝日の場合は翌日休）¥入館料300円 Pなし 🚶JR栃木駅から徒歩15分 MAP98 B-3

巴波川のルーツ

巴波川は幕末期から昭和初期に栃木市と江戸を結ぶ舟運の盛んな川でした。川沿いに蔵があるのは物資を集積する場所だったからです。

洋館を改築したレトロモダンなカフェ

Parlour tochigi

パーラートチギ

栃木市の文化財である洋館を改築してオープンしたカフェ。店内はアンティークな家具がセンスよく並べられており、ゆったりと過ごすことができる。

カフェ ☎0282-25-7700 住栃木市倭町11-4 ⏰11:00～17:00（ランチは～14:00）休火～木曜 Pなし 🚶JR栃木駅から徒歩12分 MAP98 B-3

12落ち着いた雰囲気の店内。重厚なイメージの外観との対比もおもしろい
3地元の季節野菜を使った週替わりランチは1000円～

特製カレーデミグラスソース仕立て
1296円

レトロな洋食店でおいしいごはん

蔵之街ダイニング 蒼AO

くらのまちダイニングあお

昭和初期の銀行を改装した洋食店。地元の食材にこだわった料理が食べられる。国の登録有形文化財にも認定されている。

洋食 ☎0282-22-0457 住栃木市万町15-25 ⏰11:00～15:00、18:00～23:00 休不定休 Pあり 🚶JR栃木駅から徒歩10分 MAP98 B-2

味噌を焼く香ばしい匂いが漂う店内。その場であぶってくれる田楽はアツアツ。盛り合わせ700円は3種類の味の違いが楽しめる

味噌グルメでほっと一息

油伝味噌 あぶでんみそ

明治時代に建てられた蔵で天然熟成させる味噌が特徴の味噌店。豆腐、コンニャク、サトイモの田楽が食べられる。自社のクラフトビール（地ビール）の製造・販売も。

味噌 ☎0282-22-3251 住栃木市嘉衛門町5-27 ⏰10:00～16:00（飲食は11:00～15:30）土・日曜、祝日は10:00～17:00（飲食は11:00～16:30）休火・水曜（祝日は営業）Pあり 🚶東武線新栃木駅から徒歩10分 MAP98 B-1

江戸時代の建物が数多く残る街並みは、ドラマやCMのロケ地として使われています。

小江戸・栃木市の名物 とちぎ江戸料理をいただきます

**江戸時代の調理法や食材を再現し、
市内の飲食店や売店などで提供されているとちぎ江戸料理。
お気に入りの味を探しに出かけませんか。**

**きれいに盛り付けられた
見た目も楽しい豪華御膳**

かな半旅館 かなはんりょかん

中心部にある昔ながらの旅館で、現代に合うよう工夫されたとちぎ江戸料理がいただける。小皿でいろいろな種類の江戸料理が楽しめる江戸御膳2200円のほか、ボリューム満点の丼ぶりメニューも人気。心あたたまる接客と一から手づくりする料理を味わって。

旅館 ☎0282-22-0108 栃木市万町5-2 11:30〜14:00 休 月曜、第1火曜、日曜、祝日 P あり JR栃木駅から徒歩15分 MAP 98 B-3

1

2

3

4

5
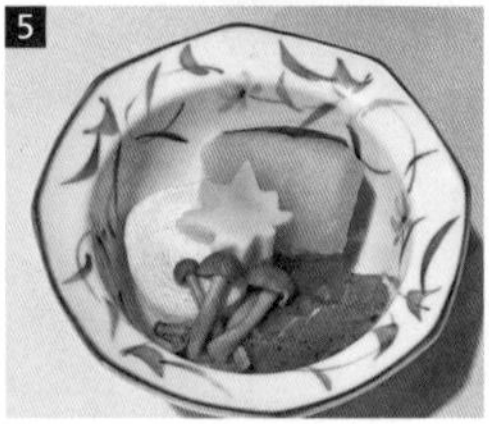

1 200年以上ものあいだ旅館を営むお店。ランチ時のみ食事処としてオープンしている 2 木造家屋の温かい雰囲気 3 クチナシの実で黄色く炊き上げたおこわ「染飯」 4 栃木県ではモロと呼ばれ親しまれてきたサメ「もうかさめ」を使った「ニラ玉甘酢あんかけ」 5 利休がお茶会で出していたお菓子「生麸の田楽」をデザートとして
※江戸料理は2名以上で4日前までに要予約、内容は季節により変更あり

とちぎ江戸料理一例

ごぼう餅

ごぼうの旨みがダイレクトに味わえる江戸時代のお菓子。栃木市では山本総本店、好古壱番館で提供。

ねぎま鍋

江戸時代に捨てられていたトロの部分を何とか食べられないかと庶民が考え出した料理。魚宇で提供。

出流《いずる》そば

出流山満願寺の参拝客にふるまわれたそば。ザルに豪快に盛られた一升そばをみんなでいただく。

しもつかれ

鮭の頭に、粗くすりおろした大根、ニンジン炒った大豆などを加えて煮込んだ郷土料理。かねふくストアで提供。

「とちぎ江戸料理」を味わえるプラン

横山郷土館P.79では美しい庭園を眺めながら「とちぎ江戸料理」をいただくことができます。(要予約)

昔ながらの洋食店で シェフこだわりの創作江戸料理

赤城亭《あかぎてい》

1923（大正12）年創業の江戸料理を洋食にアレンジしたメニューが楽しめるお店。味噌をムースにしたり、コンソメの代わりに煎り酒を使うなど、ほかではお目にかかれない手法で作られた洋風の江戸料理が味わえる。オムライスや牛鍋など往年の洋食メニューも人気。

洋食 ☎0282-22-0360 住栃木市旭町25-5 時11:30～15:00、17:30～21:00（ディナータイム予約制） 休火曜、月曜の夜 P あり 徒JR栃木駅から徒歩15分 MAP 98 B-3

1 おしゃれな皿に美しく盛られたオードブル 2 緑の屋根と看板が目印 3 レトロな雰囲気の店内は1階が洋風、2階は予約制のお座敷席。ランチコースは1188円～、ディナーは百年の旨味極上牛鍋コース6490円がおすすめ

お酒にもよく合う 江戸料理の数々

利久《りきゅう》

蔵の街大通りから1本入った路地にあり、1階はカジュアル、2階はフォーマルに料理とお酒が楽しめる大衆割烹店。お酒は栃木県のものを多く取りそろえ、オーナー所有で市指定の栃木市歴史的建造物の中で嗜める。小粋な雰囲気で地元の人たちからも人気が高い。

割烹 ☎0282-22-4557 住栃木市万町6-17 時17:30～22:00 休日曜 P あり 徒JR栃木駅から徒歩15分 MAP 98 B-3

1 利久御膳2500円 2 天井の梁が建物の歴史と蔵の風情を感じさせる。客室はイス席のほか、広々とした豪華な座敷もある 3 香ばしい豆腐のおつまみ霰豆腐550円

栃木市の歴史と郷土料理を見直し、その魅力を伝えるために生まれたのがこのとちぎ江戸料理でした。

小京都の風情を感じる足利街歩き

石畳の道に格式のある神社。着物のお店に木造建築。
情緒あふれる景色がすてきな東の小京都・足利を
ゆったりお散歩してみませんか。

ぐるっと回って **3時間**

おすすめの時間帯

足利織姫神社は駅から少し離れた場所にあるので、先に神社を参拝してから、カフェが多い足利学校周辺を回るのがおすすめです。路地に入ると小京都とはひと味ちがう、昭和レトロな景観が楽しめます。

恋愛にご利益がある神社

足利織姫神社

あしかがおりひめじんじゃ

縁結びと産業振興にご利益があることで有名な神社。男女の神様が祀られており、恋人の聖地ともいわれている。一の鳥居から229段の階段を上ると、ご利益がアップするのだそう。

神社 ☎0284-22-0313
住所 足利市西宮町3889 時間 境内自由 P あり 徒歩 JR足利駅から徒歩30分 MAP83

長い階段を上った先には、足利の街を一望できる境内がある

絵馬やお守り、御朱印は9:00～16:00に授与できる

日本遺産に認定された日本最古の学校

史跡足利学校

しせきあしかがっこう

平安時代に創建されたともいわれる歴史ある学校。1990年に復元された、美しく整えられた庭園、趣のある方丈や書院は、心癒される空間になっている。大成殿は、国内に現存する最古の聖廟。

史跡 ☎0284-41-2655 住所 足利市昌平町2338
時間 9:00～16:00（4～9月は～16:30） 休 第3水曜（11月は第2水曜休、祝日の場合は翌日休） ¥ 参観料420円 P あり 徒歩 JR足利駅から徒歩10分 MAP83

多くの学徒が学んでいたといわれるかやぶき屋根の方丈内で、漢字検定を体験できる

味のある木造の建物

遊び心いっぱいの石たち

風情ある石畳の道を歩く

街中には神社が点在

足利銘仙って？

大正から昭和にかけて女性の普段着として流行していた「銘仙柄」。織物業が盛んな足利では、この銘仙が今も愛されています。

お香の専門店でおみやげ探し

蘭と月 足利店

らんとつきあしかがてん

自社工場で作られたお香と線香を販売しているお店。見た目にもかわいいお香や線香がオリジナルでそろう。おみやげにも。

和雑貨 ☎0284-22-3300
⌂足利市大門通2380 ⏰10:00～17:00
休 月・火曜（祝日の場合は翌日休）
P なし 👣JR足利駅から徒歩8分 MAP 83

置くだけで香る「月の香シリーズ」1個990円。そのまま玄関やタンスの中などへ

おいしいコーヒーでひと休み

珈琲処 晴れ晴れ

こーひーどころはればれ

厳選された上質な豆を自家焙煎し、ていねいにハンドドリップしたこだわりのコーヒーがいただける喫茶店。豆の販売も行なっている。

カフェ ☎0284-82-8170 ⌂足利市大町2-3 ⏰11:00～18:00 休 火・水曜 P なし 👣JR足利駅から徒歩8分 MAP 83

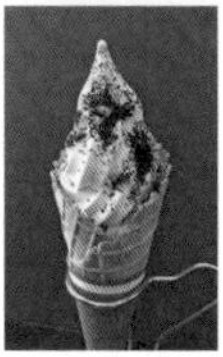

珈琲ソフトクリーム500円は、テイクアウトもできる

お気に入りの銘仙が見つかる

うさぎや

銘仙や古布を取り扱う店。古さを感じさせないアンティークの着物がずらりと並ぶ。七五三や成人式、卒業式などの晴着のレンタルも。

和雑貨 ☎0284-41-1000 ⌂足利市大門通2380-1 ⏰11:00～17:00（土・日曜、祝日は10:00～）休 月～火曜（祝日の場合は営業）P あり 👣JR足利駅から徒歩8分 MAP 83

銘仙のかわいいはぎれも販売。手芸好きな人へのおみやげに

かわいい和雑貨に目移り

川にはカルガモがぷかぷか

大正時代から営業している写真館

昔なつかしい駄菓子の食べ歩きも

大河ドラマや映画のロケ地としても有名な足利。聖地巡礼する観光客も多いのだとか。

地元の人たちも集う 足利のカフェごはん

**足利には、材料や雰囲気にこだわったカフェがいっぱい。
周辺に住む人たちもその居心地のよさに足しげく通いたくなるのだそうです。
心休まる足利のカフェに足を運んでみてはいかが？**

ピリッと辛いスパイスとふわふわ卵のオムカレー（単品）1100円

デミグラスソースと半熟卵がマッチしたロコモコ風ハンバーグディッシュ 1100円

辛さと甘さを両方楽しめる

あまから家 あまからや

カレーと和スイーツが人気の甘味処。寒天、黒蜜、餡、アイス、すべて手作りのクリームあんみつだけでなく、コク深さとまろやかさがマッチしたオムカレーもおすすめ。店主お手製の石ころアートは足利市の街なかにもあるので探してみて。

明るく広い店内はファミリーやグループにもぴったり

☎0284-41-4277
足利市昌平町2369 🕒10:00〜17:00 休 火曜（祝日の場合は営業） P あり 🚶JR足利駅から徒歩10分 MAP 83

ミュージックとカフェの融合

GRIMM CAFÉ グリムカフェ

水と温度にこだわったハンドドリップコーヒーと一緒に、ナポリタンやドライカレーなどの料理も楽しめるカフェ。2階はスタジオスペースになっており、定期的にアコースティックライブやスタジオライブが行なわれる。

広々としたカウンターではハンドドリップしているところが見られる

☎0284-22-7005
足利市通2丁目2654-11 🕒12:00〜24:00 休 火曜、第1月曜 P あり 🚶JR足利駅から徒歩10分 MAP 83

足利はそばも有名

きれいな空気と清らかな川が自慢の足利市はそば処としても知られ、織姫神社のほど近くにある「蕎遊庵《きょうゆうあん》」MAP 83は特に人気のお店です。

足利マール牛を使った、ローストビーフランチ1800円

種類が豊富で毎日ワクワク

coco spoon ココスプーン

ランチセットや、好きなものをチョイスするカフェテリア式など、幅広いメニューがそろうカフェ。ローストビーフのほか、和食や洋食とジャンルも豊富。倉庫を改装した広々空間で、ゆったりランチタイムを楽しめる。

黒を基調としたシックな造り。ショーケースに並ぶデリはどれも魅力

☎0284-41-3399
住所 足利市伊勢南町11-4 時間 9:00～20:00（日曜、祝日は～17:00）
休 月曜 P あり 徒歩 JR足利駅からすぐ MAP 83

ホロホロの鶏肉が入った、チキンカレー 750円

本に囲まれてゆったり空間を堪能

Café 杏奴 カフェあんぬ

おいしいコーヒーとていねいに作られた料理、店主のやわらかな接客に癒される喫茶店。上品な辛さがあとをひくカレーはチキンだけでなくポークもあり、ご飯からバタートーストに変更できるのもうれしい。

本がずらりと並ぶ店内。思わず時間を忘れてしまいそう

☎0284-22-4530
住所 足利市通2丁目2624 前澤ビル1F 時間 11:30～19:00 休 火曜、ほか不定休あり P あり 徒歩 JR足利駅から徒歩10分 MAP 83

足利駅周辺には甘味処も多くあります。お好きな雰囲気と味を探してみては？

myことりっぷ

ココ・ファーム・ワイナリーで お気に入りのワイン探し

ワインがサミットで振舞われるなど、
世界的にも高い評価を得ているココ・ファーム・ワイナリー。
醸造場の見学やランチを楽しみながら、おいしいワインを探しましょう。

自然に寄り添い、手作業にこだわって造るワインは、ブドウ本来の風味が生きている

見学ツアー

山の斜面を切り開いたブドウ畑。陽当たりと水はけのよさが良質のブドウを育む

ワイン樽がずらりと並ぶ貯蔵庫を見学。山の地中にあるため、夏は涼しく、冬は暖かい

大きな機器に圧倒される醸造場。タンク内で野生酵母がブドウ果汁を発酵させている

ワインづくりの舞台裏に潜入！

日本のブドウ100%の自然派ワイン

ココ・ファーム・ワイナリー

1950年代に特殊学級の生徒たちが開拓したブドウ畑からスタートしたワイナリー。ブドウ本来の味を引き出すため、野生酵母を使い、ワインを醸造している。

☎0284-42-1194 ⌂足利市田島町611 ⏰10:00～18:00 休1月第3月曜から5日間、収穫祭前日 ¥入館無料、試飲1000円～、見学コース500円 Ⓟあり 🚶JR足利駅から車で15分 MAP付録③ A-4

ココ・ファーム・ワイナリーのブドウ畑

足利や佐野の自家畑では、化学肥料や除草剤を一切使わずブドウを育てています。素材にこだわったワインのおいしさの秘訣です。

ワインに合うランチ

土地の味覚をワインと一緒に

ココ・ファーム・カフェ

ココ・ファームの自家製ワインと、足利マール牛など地元の食材を使った料理が味わえる。

🕒11:00〜15:30（土・日曜、祝日は〜16:00）

夏はオープンデッキのテラス席がおすすめ。ブドウ畑を眺めながら食事を楽しむことができる

フローリングの店内はナチュラルな雰囲気。ワインショップと同じ建物にある

旬の素材を使った料理はどれもワインに合うものばかり。蔵出し中の自家製ワインは全銘柄がそろう。ランチ1400円〜。コース4400円〜

ワイナリーのおみやげ

試飲もできます

ワインショップでおすすめワインを試飲できる。🕒10:00〜17:00 ¥1000円〜

こころぜ

750mℓ2200円

ラズベリーや野イチゴのような甘みと酸味のバランスが絶妙なロゼ。飲みやすい口あたり

これがおすすめ

風のルージュ

750mℓ3300円

果実味とほどよい渋味が楽しめる赤ワインで、飲みごたえも十分。洞爺湖サミットで採用

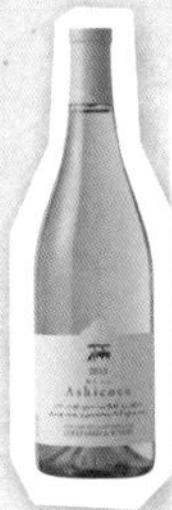

Ashicoco

750mℓ2200円

甲州種などのブドウを野生酵母で醗酵させた白ワイン。和の食卓にもよく合う素朴な味わい。

手づくり感にほっこり 鹿沼のお店めぐり

昔からある建物を改装したお店が多い鹿沼エリア。
古さを生かした、ハイセンスで
温かい雰囲気のカフェやショップが並んでいます。

ぐるっと回って **2時間**

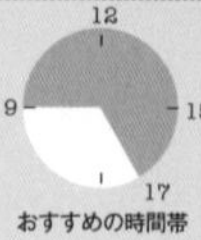

おすすめの時間帯

比較的お店が密集しているので、素早く回ることができるエリア。そのためレンタサイクルでの周遊もおすすめ。道中にはほかにもすてきな店がたくさんあるのでぜひ探してみて。

1サラダ＆パンプレート1550円。その日仕入れた野菜によってメニューが変わる。揚げ物はトロトロとした甘さが特徴のニンジンフライ 2オリジナルソースやジャムを販売 3ゆったりくつろげる座敷スペースも 4姉妹店のル・ペリカン・ルージュで作っている自家製パンも食べられる 5ひとつひとつにこだわりを感じる内装

地元の野菜でつくられた やさしい味のフレンチ

AN-RIZ-L'EAU アンリロ

鹿沼産野菜を提供するためオープンしたお店。旬野菜を使い、さまざまな調理法で作られた料理の数々はどれも素材の味を生かした品ばかり。手づくりのランチスイーツも評判。

フレンチ ☎0289-62-0772 ⌂鹿沼市上材木町1684 ⏰11:30～15:00 休日曜、祝日（土曜は不定休） Pあり 🚶東武線新鹿沼駅から徒歩20分 MAP99 B-1

かわいい小物にもご注目

奥はレトロな雰囲気の席。入口手前のゾーンにはキュートな小物がいっぱい

地元作家の作品がずらり

ものづくりが盛んな鹿沼には、自分のお店の商品だけでなく、地元作家の雑貨や器なども扱うお店が多くあります。

版画家の作品展示も

12大正時代に建てられた石造りの建物 3クリスピーな食感がたまらない、大谷の石畳チョコレート1180円

手作業にこだわるチョコレート

手づくりショコラ工房 アカリチョコレート

住宅地の奥にある大正9年建造の深岩石づくりの石蔵で小さく営むショコラトリー。原料として使うヨーロッパ産クーベルチュールチョコレートのうち約50%がフェアトレード。

ショコラ工房 ☎0289-63-5078 鹿沼市中田町1066 11:00～18:30 休水曜、第1・3火曜 Pあり 東武線新鹿沼駅から徒歩22分 MAP99 B-1

店内は生地の焼けるいい匂い

1白を基調としたお店。飾られている小物もおしゃれ 2ショーケースに並ぶたくさんのケーキ 3クッキー 162円～、スコーン162円～

焼きたておやつを召し上がれ

kirara

キララ

スコーンやパウンドケーキなど、ブレイクタイムに食べたい洋菓子を販売しているおやつ屋さん。店内には、安心安全な材料を使ったおやつがたくさん。売り切れる日もあるのでお早めに。

洋菓子 ☎0289-63-6008 鹿沼市末広町1916 11:00～18:30（売切れ次第閉店） 休水曜、第1・3火曜 Pあり 東武線新鹿沼駅から徒歩15分 MAP99 B-1

1ドライフラワーの取り扱いも 2とくに要望がないときはナチュラルを意識してブーケを作っているのだそう

雑貨もCHECK！

自分用にもプレゼントにも

hanadocoro enn

ハナドコロエン

イメージや予算にぴったりなアレンジをしてくれるフラワーショップ。生花だけでなく、リースやコットンボールなど部屋に飾りたくなる小物が並ぶ。ほかではあまりお目にかかれない珍しい花も取りそろえる。

花 ☎0289-74-5281 鹿沼市天神町1852-5 10:30～18:30 休月曜、第1・3火曜 Pあり 東武線新鹿沼駅から徒歩18分 MAP99 B-1

hanadocoro ennではフラワースクールも開催。レベルに合わせてくれるので安心してレッスンを受けられます。

ほっと落ち着くなごみ空間 鹿沼の人気カフェ

カフェ文化が発達しているだけあって、
個性的でセンスが光るお店がたくさんある鹿沼。
お気に入りの空間やメニューがきっと見つかるはずです。

1ゆっくりとした時間の流れる、懐かしい雰囲気の店内 2木造家屋で温かみがある 3コーヒーを淹れるためのやかんが並ぶ 4ふわとろオムライスはドリンク付き2090円。ケーキ付きで2640円 5店内から外ののどかな景色がみえる 6照明や置き物などかわいい小物にもご注目 7お店の外を自由に歩くアヒルたち

鹿沼リノベカフェ文化の草分け的存在

日光珈琲 饗茶庵本店

にっこうこーひーきょうちゃあんほんてん

路地裏に佇み、どこか懐かしさを感じる雰囲気のレトロなカフェ。鹿沼には古民家をリノベしたお店が多いが、その発祥は、オーナーの風間さんが自宅を改装してオープンしたこの饗茶庵といわれている。人気メニュー、オムライスのふわとろ具合を食べて確かめてみて。

☎0289-60-1610
⌂鹿沼市上材木町1737 🕐11:00～18:00 [休]月曜、第1・3火曜（祝日の場合は翌日休）[P]あり 東武線新鹿沼駅から徒歩20分 [MAP]99 B-1

市役所近くの月イチイベント

雑貨屋やカフェ、レストランなどが集まる根古屋路地では、毎月第1日曜にイベントが開かれ、毎回県内外から多くの人たちが訪れます。

古民家を再生したおしゃれなカフェ

日光珈琲 朱雀

にっこうこーひーすざく

廃屋だった一軒家をリノベーションして造られた小さなカフェ。厳選して仕入れた豆を使って作られるコーヒーは何度飲んでもあきない味わい。本格的なエスプレッソマシーンも完備している。軽食やスイーツも充実。

☎0289-78-4225 住鹿沼市麻苧町1631 時11:00～17:00 休月曜、第1・3火曜（祝日の場合は翌日休） Pあり 交東武線新鹿沼駅から徒歩10分 MAP99 B-1

1鹿沼産そば粉のガレット1400円（ドリンク付） 2黒板が目印。おすすめメニューが書かれているのでチェックしてみて 3カウンター越しに調理しているところが見られる

1メレンゲを使用したふわふわハニーパンケーキ1000円 2地元でも人気のジェラートは、シングル380円～。季節限定のフレーバーも 3明るい雰囲気のおしゃれな店内

養蜂園が営むはちみつカフェ

Honey B

ハニービー

はちみつを使ったメニューが評判のカフェ。扱っているメニューはどれも素材の味を生かしながら、はちみつでアレンジされている。隣接のスイーツショップ、ドルチェミエーレでは、はちみつを使用した焼き菓子やケーキも販売。

☎0120-82-1138

住鹿沼市村井町291-5 時11:00～18:00 休火曜（祝日の場合は翌日休） Pあり 交東武線新鹿沼駅から徒歩15分 MAP99 B-2

日光珈琲 朱雀の正面にある「まちの駅 新・鹿沼宿」にも寄ってみて。かぬまブランドのお菓子や特産品が買えますよ。

昼も夜もワクワクな宇都宮をおさんぽしましょ

**宇都宮といえば餃子が有名ですが、
ほかにも魅力的なお店や見どころがたくさんあります。
昼から夜まで一日中楽しめる宇都宮ならではの地をめぐりましょう。**

木と石で造られている内部は、厳かで落ち着いた雰囲気

日本最大の大谷石建造物

カトリック松が峰教会

カトリックまつがみねきょうかい

大谷石の建造物としては、日本最大級とされているカトリック教会。ライトアップされる日没に訪れる人も多い。

教会 ☎028-635-0405 宇都宮市松が峰1-1-5 🕒8:00～20:00（都合により内部見学不可およびライトアップ休止の場合あり） 休無休（団体見学は要予約） Pあり JR宇都宮駅から徒歩25分 MAP99 A-4

1600年以上の歴史がある宇都宮のシンボル

二荒山神社

ふたあらやまじんじゃ

「二荒さん」の愛称で、地元民から親しまれる。昔は「下野國一の宮」と呼ばれていて、宇都宮の語源になったそう。東国の武将からも信仰を集めた由緒正しき神社だ。

街中にあるとは思えない、緑あふれる境内

神社 ☎028-622-5271 宇都宮市馬場通り1-1-1 休無休 Pあり JR宇都宮駅から徒歩15分 MAP99 A-3

老舗の伝統を守る焼餃子

宇都宮みんみん 本店

うつのみやみんみんほんてん

宇都宮市内に7店舗を構える老舗の本店。開店を待ち侘びる人の列は人気の証。焼餃子のほか、揚餃子、水餃子もあるので試したい。

焼餃子（6個）360円

餃子 ☎028-622-5789 宇都宮市馬場通り4-2-3 🕒11:00～20:00 休HP参照 P提携駐車場あり（1時間無料） JR宇都宮駅から徒歩15分 MAP99 A-3

老舗の趣を感じさせる雰囲気のある店内

センスのいい器が並ぶギャラリースペース。おみやげに買って帰りたくなるものがたくさん

上品な雰囲気のカフェでまったり

カフェギャラリー柚

カフェギャラリーゆず

ランチ御膳や和スイーツがいただけるカフェ。有田・波佐見焼を中心とした器や和雑貨が飾られているギャラリーも楽しめる。

カフェ＆ギャラリー ☎028-633-3574 宇都宮市一番町2-17 🕒10:30～18:00 休日曜 Pあり JR宇都宮駅から徒歩10分 MAP99 B-4

ぐるっと回って
4時間

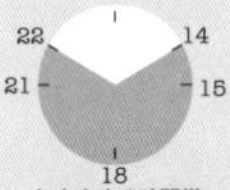

おすすめの時間帯

カフェや名所、公園などはある程度密集した場所にあるので、移動が楽なエリアです。バーが多いのも特徴。早朝から動くよりも、お昼から夜にかけてゆっくり回るといいでしょう。

宇都宮はカクテルの街

バーテンダーのコンテストで優勝者を多く輩出している宇都宮。レベルの高いバーが軒を連ね、カクテルの街として名をはせています。

和菓子でできた甘い餃子

梅月堂 ばいげつどう

1943(昭和18)年創業の和菓子店。名物の餃子パイ(5個入り)1100円のほか、宇都宮城最中も人気。

和菓子 ☎028-633-5288
宇都宮市池上町2-8
🕒10:00～18:00 休月曜 Pなし 東武線東武宇都宮駅から徒歩5分 MAP99 A-3

フレッシュバターを使用したパイ生地のなかに、マロングラッセを混ぜた白あんがぎっしり

気軽にJAZZの生演奏を楽しめる

FREE FLIGHT フリーフライト

JAZZの街、宇都宮を感じられるBAR。金・土曜に開催されるライブには、約30名のジャズミュージシャンが登場。カクテルや料理の種類も豊富。

おしゃべりをしながら、料理をいただきながら生の演奏を聴くことができる

バー ☎028-633-8264
宇都宮市東宿郷4-4-6
🕒18:00～24:00 休日曜 Pあり
JR宇都宮駅から徒歩5分
MAP99 C-4

レトロなビルを改装した人気カフェ

MATSUGAMINE COFFEE BUILDING

マツガミネコーヒービルヂング

教会の近くにある居心地のいいカフェ。ランチやティータイムはもちろん、コース料理やお酒もあるディナータイムでの利用もおすすめ。

カフェ ☎028-634-5202 宇都宮市松が峰2-8-3 🕒10:00～18:00(金・土曜、祝前日は～22:00) 休木曜 Pあり 東武線東武宇都宮駅から徒歩10分 MAP99 A-4

開放感抜群な屋上。宇都宮市内を一望できるこの場所で昼はほのぼの、夜はロマンチックなひと時を過ごして

トマトキーマカレーのランチセット1550円(サラダ・ドリンク付き)

夜は宇都宮屋台横丁でお酒を飲みながら屋台料理を楽しむのもおすすめです。MAP99 A-4

myことりっぷ

非日常感はまるで冒険の世界
地下に広がる巨大空間

宇都宮市大谷町には、秘密基地のような地下空間があります。
夏でもひんやり涼しいそこは、元採掘場。
映画のセットを思わせる、幻想的な情景に出会えます。

石の壁が続く採掘場の跡。未知の世界に迷い込んだような気分に

1驚くほど天井が高い空間
2見上げれば地下で場所を確認するために使われた立坑が

独特な景観に圧倒される石の世界

大谷資料館《おおやしりょうかん》

深さ30mの地下に広がるのは、2万㎡にも及ぶ大谷石の採掘場跡。1986(昭和61)年まで採掘が行われていた坑内には、石を切り出した跡がそのまま残り、まるでアドベンチャー映画やRPGの世界に迷い込んだような荘厳さ。

採掘場跡 ☎028-652-1232 宇都宮市大谷町909 9:00～16:30(12～3月は9:30～16:00)
休無休(12～3月は火曜休、祝日の場合は翌日休) ¥800円 Pあり
バス停資料館入口から徒歩5分 MAP付録③ B-3

これが特徴!
ざらっとした見た目と
茶色の斑点

大谷石って？

蔵や石塀に多用される、宇都宮市大谷町で採掘される軽石凝灰岩。宇都宮市内には大谷石を使ったカフェや建物が点在しています。

見どころポイント

映画のロケセット

映画のロケで使われたセットがそのまま残された空間

ライトアップ

ライトアップの効果で地下空間がいっそう幻想的に

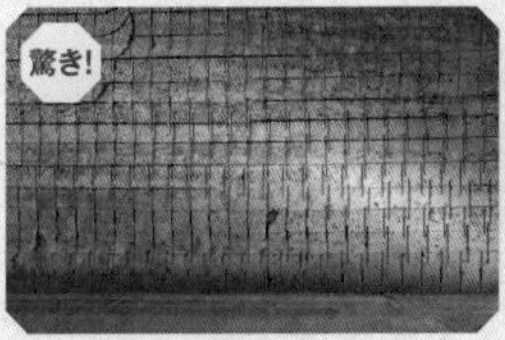

昔の手掘りの跡も

1960（昭和35）年以前の手掘りのあともくっきり残る

歴史をたどる

大谷石の説明や実際の採掘道具などが展示されている

冬だけのお楽しみ

石の華と呼ばれる冬だけの現象。大谷石に含まれる塩分が、結晶となって表面に出現したもの

Attention! 坑内の平均気温は約8度。夏場でも寒く感じるので、服装には注意して!

地上でひといき

“冒険気分”の後で立ち寄りたい
ROCKSIDE MARKET

ロックサイドマーケット

大谷資料館の敷地内にあるカフェ。地元食材を使ったガレットやジェラート、ドリンクはテイクアウトもOK。大谷石のグッズやオリジナル雑貨はおみやげにぴったり。

おみやげも見つけた♪

大谷石でできたコースター各820円。吸水性が抜群

ジェラートダブル550円。写真はイチゴとバニラ

カフェ・雑貨 028-688-8604 宇都宮市大谷町909 大谷資料館敷地内 9:30～17:00 休 無休（12～3月は火曜休、祝日の場合は翌日休） P あり（大谷資料館駐車場を利用） バス停資料館入口から徒歩7分 MAP 付録③ B-3

1 ランチセット各1580円（サラダ、ドリンク、スープ付き） 2 落ち着いたたたずまいのショップ&カフェ。イートインもOK 3 オリジナル商品のほか、伝統工芸品も販売

足元はスニーカーが安心。湿度が高くなる夏場は、坑内の床面が湿って滑りやすくなるので特に気を付けて。

宇都宮の郊外で竹林と大谷石に包まれる場所へ

のどかな田園や里山が広がる宇都宮市郊外。
幹線道路から少し入ったところにある、
広大な竹林や大谷石の採石場へ足を運んでみましょう。

日本の竹林の中では最大で、高さ20mを超す孟宗竹の竹林。ほかにも数種類の竹林がある

日本最大級の竹林で癒やしの時を過ごして

若竹の杜 若山農場

わかたけのもりわかやまのうじょう

親子3代、100年にわたって、たけのこや栗を生産する農場。24ヘクタールの広大な敷地内には、美しく手入れされた竹林が広がり、園内を散策したり、カフェレストランでくつろぐこともできる。竹を使ったグッズや、園内で採れた栗のお菓子の販売も。

竹林・農園 ♪028-665-1417 ⌂宇都宮市宝木本町2018 ◷9:00～16:30（土・日曜、祝日は～19:30、6～8月は～20:30）休無休 ¥入場料750円（ライトアップはプラス750円 ）Ⓟあり バス停野沢寺前から徒歩10分 MAP付録③ B-2

1

2

3

4

1実際に生えている竹を柱にして作られた竹のブランコ 2土・日曜、祝日の日没からは、竹あかりのライトアップが楽しめ、幻想的な雰囲気に 3竹林の中にある茶屋では、土・日曜、祝日に竹の器でお抹茶がいただける 4竹に張ったハンモックテントで竹林キャンプを楽しむことも

たけのこ掘り体験もできます

「若竹の杜 若山農場」では、4月からGWにかけて、たけのこ掘りができます。手ぶらで参加できるのも魅力です（詳細な時期は要問合せ）。

2

稼働中の採石場を
間近に見ることができる

カネホン採石場

カネホンさいせきじょう

現在5社ある大谷石の採石場のうち、唯一露天掘りをを行っているカネホン採石場。そそり立つような大谷石の壁と青空のコントラストは、まるで古代遺跡の中にいるよう。

採石場 ☎028-678-8802
住 宇都宮市大谷町209
時 10:00～16:00 休 月～金曜（土・日曜、祝日のみ営業） ¥ 入場料500円、採石場ガイドツアー800円 P あり 交 宇都宮ICから車で8分
MAP 付録③ B-2

1

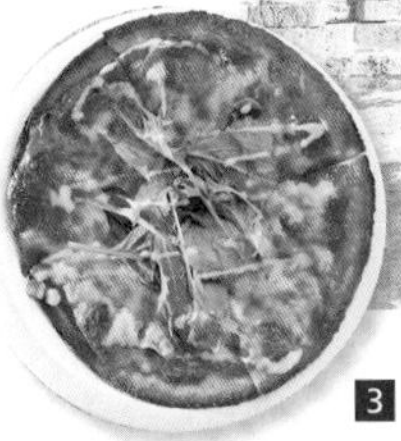

3

1 大谷石の切り出し作業は平日のみ。土・日曜、祝日の作業休業日に見学できる 2 採石場ガイドツアーに参加すると詳細な解説を聞くことができる 3 大谷石の石窯で、ピザ焼き体験も。入場料込み1800円

ここで
ひと休み

こだわりの素材で作る
本格派ベーカリー

THE STANDERD BAKERS 大谷本店

ザスタンダードベーカーズおおやほんてん

北海道産の小麦粉や、旬の食材を使った焼きたてのパンが楽しめるベーカリーレストラン。噛み締めるたびに小麦粉のうまみが楽しめるハード系から親しみやすい菓子パンまで幅広い品揃え。レストランも併設。

☎028-652-5588 住 宇都宮市大谷町1159 時 ベーカリー 10:00～17:00（土・日曜、祝日は8:30～17:00）レストラン 11:00～15:00（土・日曜、祝日はモーニング8:30～） 休 火曜（祝日の場合は営業） P あり 交 バス停大谷観音前からすぐ MAP 付録③ B-3

1

ランチでの利用もできる

2

1 ベイカーズブレッド（1斤）330円など豊富なラインナップ 2 ハード系のパンから、とちおとめブレッドなどのやわらかいパンまで、焼きたてを購入できる

「カネホン採石場」や「大谷資料館」P.94のある大谷町には、カフェやショップなど観光スポットが続々オープンしています。

栃木市MAP
周辺図▶付録③
上が北
0 150m
1:15,000
カワチ前
栃木IC
カワチ
大町
メモワール柳屋
新鹿沼駅・東武宇都宮駅
栃木卓球センター
公民館
巴波川
ヤオハンアイム前
アイム
川上稲荷神社
八幡宮
なかつぼクリニック前
星宮神社
ミツウロコ
平柳町(2)
平柳町(1)
新栃木駅
駅東口
箱森町
原ノ橋
栃木三小
星宮神社
栃木局
駅西
駅
コミュニティ会館
やまや
P.79 油伝味噌
油伝前
新栃木駅入口
昭和町
ハイテックビューティ専門学校
栃木信金
小平町
小平橋
嘉右衛門町
晃南建設
益子しょう油
丸森
妙唱寺
変電所
蛇竜神社
西方電設
徒歩10分
東武日光線
労働金庫前
労金
公民館
岡田記念館前
神明神社
泉町
五差路北
五差路東
錦町五差路
岡田記念館
泉町
日の出町
コメダ
公民館
錦町
永島前
常通寺
サニー精工
公民館
雲竜寺
特養ホーム レユーナ
河口医院
栃木高入口
小藤製作所
中元内科
カードック栃木
伝建地区入口
万町交差点
五差路南
向島神社
蔵の街局
蔵の街広場
富士容器
今泉町(2)
P.79 蔵之街ダイニング 蒼AO
呉光製作所
日ノ出町
栃木高
開運橋
朝日生命
栃木市
勤労者体育センター
柳橋町
栃木東中
呉光製作所
東武
サンルート
栃木市役所
万町交番前
市民会館
栃木中央小
野崎医院
公民館
市役所入舟庁舎
市役所前
市民会館前
入舟町
かな半旅館 P.80
ハギノヤ
かな半旅館
藤沼酒店前
万町
県下都賀庁舎
市立美術館
市立文学館
利久 P.81
祝町
横山郷土館
P.79・81
山車会館
山本有三の碑
日光神社
保健福祉センター
赤城亭 P.81
さいとう眼科
公民館
カワチ
あだち好古館
神明宮
県庁舎別館
ヨークベニマル
中野病院
みずほ
第二公園
本町
観光協会前
ヨークベニマル
湊町
郷土参考館
長清寺
シルバー大学校
巴波川と綱手道
P.78
幸来橋
倭町
栃木明徳会
とりせん蔵の街店
満福寺
倭町
Parlour tochigi P.79
郵便局前
筒井医院
塚田歴史伝説館
東宮神社
文化会館前
NPO法人 蔵の街遊覧船
P.78
とりせん
文化会館入口
NTT北
南中入口
K'きっず
延命寺
室町局
定願寺
検察庁
富士見町
室町
瀬戸河原公園
うづま公園
文化会館
神田町
室町
焼肉きんぐ
室町
栃木図書館
三協コンピュータ
旭町
栃木南中
公民館
栃木四小
法務局入口
関門橋
栃木第四地区コミュニティセンター
城内町(1)
城址公園
法務局
熊野神社
開明橋
巴波川
成田内科
新橋
岩下の新生姜ミュージアム
岩下倉庫
境町
コメリ
片柳町(1)
河合町
境町
カワチグラウンド
年金事務所
市民活動推進センターくらら
境町
河合町
平成橋
早川歯科医院
塚田橋
ウエルシア
駅前局
農政事務所
札幌市街
郵便局前
栃木レザー
こども広場
小山駅
小山
税務署
学悠館高
両毛線
商工会議所前
商工会議所
岡田クリニック
駅
東武日光線
城内町(2)
サンプラザ
えきまえ公園
栃木駅
セレモール栃木
沼和田町
佐野駅
新古河駅

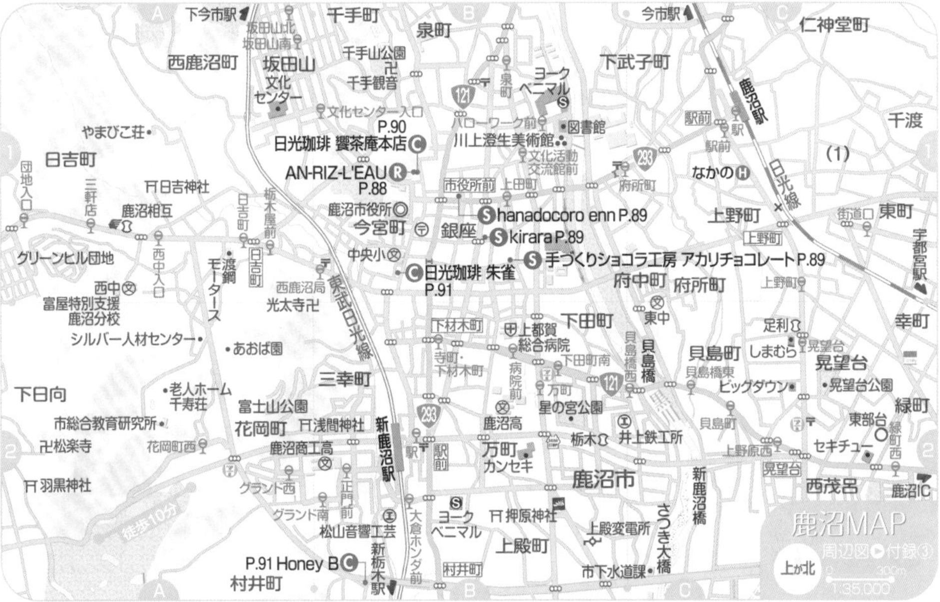

鹿沼MAP
周辺図▶付録③
上が北
1:35,000
下今市駅
今市駅
千手町
泉町
仁神堂町
坂田山北
坂田山南
千手山公園
千手観音
西鹿沼町
坂田山
文化センター
下武子町
ヨークベニマル
鹿沼駅
千渡
文化センター入口
ハローワーク前
図書館
駅前
やまびこ荘
P.90
日光珈琲 饗茶庵本店
川上澄生美術館
文化活動交流館前
日吉町
AN-RIZ-L'EAU
P.88
なかの
(1)
団地入口
三軒店
日吉神社
市役所前
上田町
府所町
日光線
鹿沼相互
栃木屋前
鹿沼市役所
hanadocoro enn P.89
上野町
街道口
東町
今宮町
銀座
kirara P.89
上野町
宇都宮駅
グリーンヒル団地
西中入口
モータース
渡鋼
日吉町
中央小
手づくりショコラ工房 アカリチョコレート P.89
日光珈琲 朱雀
P.91
府中町
府所町
西中
西鹿沼局
東武日光線
上野町
富屋特別支援鹿沼分校
光太寺
東中
幸町
下材木町
上都賀総合病院
下田町
足利
シルバー人材センター
あおば園
寺町・下材木町
貝島橋
貝島町
しまむら
晃望台
晃望台
下田町南
病院前
貝島橋西
貝島橋東
ビッグダウン
晃望台公園
下日向
老人ホーム千寿荘
三幸町
万町
緑町
富士山公園
星の宮公園
東部台
市総合教育研究所
花岡町
浅間神社
新鹿沼駅
鹿沼高
井上鉄工所
貝島町
緑町西
松楽寺
花岡町西
鹿沼商工高
駅前
万町
カンセキ
栃木
上野原西
セキチュー
晃望台
羽黒神社
正門前
鹿沼市
新鹿沼橋
西茂呂
鹿沼IC
グランド西
徒歩10分
グランド南
松山音響工芸
大倉ホンダ前
ヨークベニマル
押原神社
さつき大橋
上殿変電所
上殿町
P.91 Honey B
新栃木駅
村井町
市下水道課
村井町

宇都宮MAP
周辺図▶付録③
上が北
1:25,000
昭和小
錦中央公園
宝積寺駅
駅東
戸祭元町
西塙田町
塙田
コミュニティセンター
東署
中今泉
税務署
県警本部
東北本線（宇都宮線）
マツモトキヨシ
藤八稲荷
中央公園
昭和
東校西
東塙田
栃木県庁
西門前
県立図書館
東小
東北新幹線
県庁舎前
塙田町局
塙田4
今泉
宇都宮市
文化センター
県庁東
東橋
興禅寺
今泉局
宇都宮白楊高
本町
二荒山神社 P.92
栄町
千波町
丸治
東武
泉町
県庁前
徒歩10分
白楊高前
宇都宮みんみん 本店 P.92
幸橋
元今泉
マロニエプラザ
駅前
梅月堂 P.93
大通り
妙正寺前
トナリエ
宇都宮駅東口
ライトキューブ
今泉小
体育館（休館中）
東武西口
宇都宮屋台横丁 P.93
サンルート
駅東公園
東東武
東武宇都宮駅
福祉センター前
ニューイタヤ
宇都宮駅
P.92 カフェギャラリー柚
ダイワロイネット
FREE FLIGHT P.93
カトリック松が峰教会 P.92
一番町
ステーション
駅東口
東宿郷
教会前
中央局前
芳賀・宇都宮LRT
マイステイズ
アパ
スマイル
駅東公園前
西
南大通り
宿郷局
東宿郷
峰町
松が峰
中央
宿郷西
川向局
リッチモンド
スマイル
サンシャイン
MATSUGAMINE COFFEE BUILDING P.93
宿郷
東宿郷
リブマックスバジェット
市役所
旭中
城東橋
サンロイヤル
かましん
峰
宇都宮市役所
旭中
簗瀬小
東局
本丸町
一条中前
東武宇都宮線
旭
城址公園
天神
簗瀬小入口
宿郷中
簗瀬
たいらや
城東
一条
新栃木駅
小山駅

四季の訪れを告げる色とりどりのお花畑

1～2月

冬咲きボタン

3～4月

チューリップ

4～5月　フジ

4～5月

ツツジ

5～6月

バラ

6～7月

花菖蒲

7～9月

熱帯性スイレン

10～11月

アメジストセージ

10～2月

イルミネーション

足利が誇る花のテーマパーク
あしかがフラワーパーク

10万㎡もの広大な敷地のなか、四季折々の花々が鑑賞できる花のテーマパーク。とくに春に見頃を迎える350本以上のフジの花が有名。栃木県指定天然記念物の大藤や、白藤など品種の豊富さだけでなく、トンネルやライトアップなど、フジの見せ方も魅力的。

☎0284-91-4939 足利市迫間町607 10:00～17:00(季節により変動あり) 休2月第3水・木曜、12/31 ¥400～2200円 Pあり JRあしかがフラワーパーク駅から徒歩3分 MAP付録③ A-4

益子・真岡

400軒近い窯元が集う陶器の町·益子。
個性的な陶器店でお気に入りのうつわを探したり
窯元での陶芸体験もおすすめです。
益子焼のうつわでいただくランチやカフェも
楽しみのひとつです。

古い建物を利用したカフェや雑貨店が集まる真岡は
大正〜昭和期に花街として栄えたエリア。
レトロモダンに生まれ変わった路地を
のんびり散策してみましょう。

益子《ましこ》・真岡《もおか》を さくっと紹介します

**全国有数の陶器の里として知られる益子、
木綿作りで栄えた時代の面影を残す真岡、
それぞれの魅力をたっぷりと楽しみましょう。**

まずは、旅の支度をととのえる

観光情報は各地の案内所で

益子の観光案内所は真岡鐵道の益子駅の待合室にあります。一方、真岡の観光案内所は、古い町並みの残る門前（もんぜん）の一角、久保記念観光文化交流館内にある久保記念館にあります。

益子町観光協会
☎0285-70-1120 ⌂益子町益子1539-2 ⏰8:30～17:15 休無休

真岡市観光協会
☎0285-82-2012 ⌂真岡市荒町1105-1 ⏰9:00～17:00 休火曜（祝日の場合は翌日休）

益子・真岡エリアのまわり方

レンタサイクルが便利

益子も真岡も自転車で効率よく走り回るのがおすすめ。

真岡／真岡市観光協会レンタサイクル（電動アシスト）
☎0285-82-2012 ⌂久保記念観光文化交流館内 ⏰9:00～15:00 休火曜 ¥2時間400円～（1日800円）

真岡／真岡駅レンタサイクル
☎0285-84-2911 ⌂真岡鐵道真岡駅構内 ⏰8:00～17:00 休無休 ¥1回500円

益子／エビコーサイクル
☎0285-72-3155 ⌂益子町益子789 ⏰8:00～18:00 休日曜 ¥1日500円

益子／益子駅レンタサイクル
☎0285-72-2511 ⌂真岡鐵道益子駅構内 ⏰8:30～10:00、14:30～17:00（土・日曜、祝日は8:30～16:30） 休無休 ¥1回500円

益子／道の駅ましこ
☎0285-72-5530
⌂益子町長堤2271
⏰9:00～18:00
休第2火曜 ¥1日1000円

耳寄りなアクセス情報

お得なきっぷもあります

土曜、休日、年末年始限定（平日利用OKの期間もあり）の常総線・真岡鐵道線（下館駅～益子駅間）共通一日自由きっぷ2300円が便利。

☎0285-84-2911（真岡鐵道）

マイカー派におすすめ

真岡ICから車で約20分の「道の駅ましこ」。広大な駐車場を備え、地元名産品のマルシェやレストランがあります。

☎0285-72-5530（道の駅ましこ）

真岡鐵道を走る列車。グリーンとオレンジのツートンカラーが印象的

SL列車も楽しい

真岡鐵道のシンボル「SLもおか号」。おもに土・日曜に下館駅～茂木駅間を1日1往復し、真岡駅、益子駅にも停車する。真岡駅舎はSLの姿をしている。乗車は事前予約制。詳しくはHPで確認を。
◎運行日…おもに土・日曜（1日1往復）
◎料金…乗車券（下館駅～茂木駅間は1050円）＋SL整理券（片道500円）
◎問い合わせ…真岡鐵道
☎0285-84-2911

益子・陶器市も見もの

春（ゴールデンウィーク）と秋（11月3日前後）に催される「益子陶器市」は、陶器を販売するテントが数多く建ち並び、全国から訪れる焼きものファンの姿が見られる。

陶芸作家による一点ものや掘り出し物を探してみて

季節ごとに町の表情が美しい

窯のある陶芸工房の多くは、益子周辺の里山にあり、町の素朴な景色に四季折々の自然が彩りを添え、独特の雰囲気を作っています。

城内坂（じょうないざか）

アートに彩られた陶芸の町 益子《ましこ》

P.104

城内坂周辺は、窯元や陶器店に加えて、おしゃれなカフェや雑貨店も多い。

門前にある久保記念観光文化交流館

風情豊かな古い街並み 真岡《もおか》

P.116

門前界隈では、古い建物を利用したカフェやショップが人気を集めている。

益子駅と真岡駅間の所要時間は真岡鐵道で約15分、車では約20～25分くらいですよ。

お気に入りを探して益子自転車さんぽ

町の周囲に里山と田園風景が広がる益子。
美しい自然の景色を楽しみながら
自転車で軽快に走り回ると楽しいですよ。

ぐるっと回って
4時間

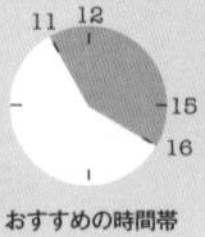

おすすめの時間帯

益子にあるお店の多くは閉店時間が比較的早め。お気に入りの器をじっくりと探したり、カフェでのんびり過ごすために、なるべく早めの時間にスタートして、ゆとりを持って行動しましょう。

1メニューの一例。カフェは日替わり 2ゆったりと時間が流れる空間
3アート・イベント「土祭（ひじさい）」をきっかけに生まれた

手づくりカフェでほっとひと息

ヒジノワ cafe&space

ヒジノワカフェアンドスペース

築120年の古民家を再生した、有志が運営するコミュニティ施設。日替わりの出店者によるカフェと、イベントスペースがある。

カフェ・ギャラリー ☎0285-81-7380
住益子町益子1665 営11:00～17:00
休不定休 Pあり 交真岡鐵道益子駅から徒歩6分 MAP119 A-2
※カフェランチの予約は、HPから各出店者へ

遊び心あふれるアートヴィレッジ

JOHNNY'S ART STUDIO ジョニーズアートスタジオ

木立に囲まれて手づくり小屋風のギャラリーカフェや雑貨ショップが立ち並ぶ。どこか懐かしさを感じる不思議な空間で、アートの香りに包まれるのも楽しい。

カフェ・ギャラリー・雑貨
☎0285-72-0891（カフェ&ギャラリー むじなっぱら）
住益子町塙490 営11:00～18:00 休水・木曜（陶器市は営業） Pあり
交真岡鐵道益子北山駅から徒歩5分
MAP付録③ C-3

1カフェ「むじなっぱら」にもアートがいっぱい
2ふわふわシフォンケーキのセット880円

スタジオを主宰する篠崎英夫さんの白い陶芸作品が人気

> **元気にペダルを踏んで**
> 益子の町の中心部は、端から端まで自転車で走っても20～30分くらい。ただし、丘陵が広がっているので坂道も多いですよ。

世代を超えて愛される益子の名店

レストラン 古陶里《レストランことり》

古民家風のレトロな建物が目印の洋食店。創業から40年間、レシピを変えていない6種類のメニューだけを提供。親子三代の常連客もいるほど。

洋食 ☎0285-72-4071 ⌂益子町益子2072
🕒11:00～19:30 休金曜 Pあり 🚶真岡鐵道益子駅から徒歩10分 MAP119 A-2

1やさしい味わいのソースでいただくポークステーキ1418円（サラダ・スープ・ライス付き）2昭和を感じるアンティーク調の店内

お気に入りの掘り出し物を探してみて

懐かしさと新鮮さが入り交じる

内町工場《うちまちこうじょう》

町工場だった建物内に、古家具や道具類、古書などが雑然と並ぶ一風変わったアンティーク・ショップ。何が見つかるかわからない楽しさにわくわく。

アンティーク家具・雑貨
☎0285-81-7840 ⌂益子町益子897 🕒11:00～18:00 休水曜、第1・3月曜 Pなし 🚶真岡鐵道益子駅から徒歩15分 MAP119 A-2

1マッチ箱の図柄も並べて見れば小さなアートに 2秘密基地を探検するようなおもしろさ 3入り口にさりげなく店名が記されている

人気作家の上質な作品に触れる

クラフトやまに

日常使いの器から、人間国宝濱田庄司など芸術的な作品まで幅広く扱う。作家ごとに並んでいるので探しやすい。

陶器 ☎0285-72-8200 ⌂益子町城内坂89
🕒10:00～16:30 休無休 Pあり 🚶真岡鐵道益子駅から徒歩20分 MAP119 B-2

1益子で人気の作家作品を多数展示、描きこみの素敵な作品が多い 2作家ごとの特徴を見比べながら器選びができる 3城内坂を上り切った先にある

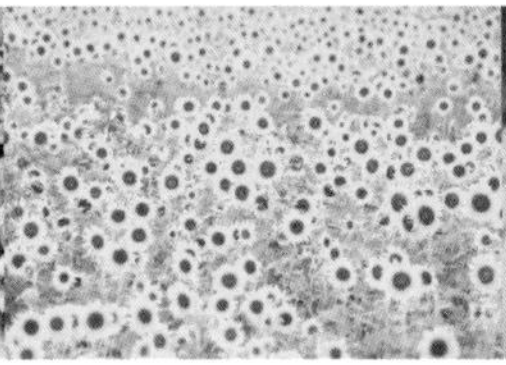

道ばたに置かれた陶器のオブジェや里山の美しい風景など、撮影ポイントが多いのでカメラを忘れずに。

益子でみつけた ふだん使いのうつわ

**益子には250ほどの窯元があり、お店には幅広い世代の陶芸家による
さまざまな作風の益子焼がそろっています。
お店をのぞけば、きっと素敵な器が見つかりますよ。**

天井高のある石蔵ギャラリー。元は政府米の貯蔵庫

厳選された器がセンス良く並び、見るだけでワクワク

元商家のギャラリーでは2週間ごとに展覧会を開催

ディスプレイ台も大谷石。店内には商家で使われていた看板や金庫も残されている

**オリジナルブランドが人気
お店の建物も見どころ**

陶庫《とうこ》

大正や昭和時代の3つの建物を1つにつなげた老舗ギャラリー。趣のある広々とした店内には、益子で活動する作家が作る、ふだんの暮らしで使いやすい器などが並ぶ。個性あふれる作家の作品展も常時開催。

0285-72-2081 益子町城内坂2
10:00〜18:00（11〜2月は〜17:00）
休 無休 P あり 真岡鐵道益子駅から徒歩15分 MAP 119 A-2

左から道祖土和田窯の2toneマグカップ2420円、mashikoドリッパー3960円、サーバー4400円、2tone飯椀1980円

人気のヒミツ

オリジナル「道祖土和田窯」は益子焼伝統釉薬による色の組み合わせが素敵なんです。

益子焼って？

益子町とその周辺で作られる陶器を益子焼と呼びます。どっしりとした温かみのある風合いが持ち味ですが、最近は若手作家も増え、薄く軽量で、カラフルな色彩や繊細なデザインの個性的な作品もそろいます。

益子焼の釉薬《ゆうやく》って何？

「益子七釉」と呼ばれる伝統的な釉薬。粘土や灰などを水に混ぜたものを陶器にかけ焼くとガラス質に変わり、美しいつやが出ます。

手軽に炊飯が楽しめる1合kamacco4400円

益子の伝統釉の組み合わせが楽しめる、コーヒーカップ1210円&ソーサー 880円

しのぎシリーズの5.5寸平皿2090円

好みのアイテムが見つかる益子焼のテーマパーク

つかもと

自然豊かで広大な敷地に、工場見学ができる予約制の体験型施設を持つ益子最大の窯元。巨匠から現代作家の作品やオリジナルの商品など幅広く取り扱っている。

人気のヒミツ

陶芸体験や工場見学、ギャラリーなど、益子焼にじっくり向き合える施設です。

広々としたスペースに、オリジナルや作家ものが数多くそろう

☎0285-72-3223
益子町益子4264
10:00～17:00
休 木曜
P あり
真岡鐵道益子駅から車で10分
MAP 119 B-2

生活に彩りを添える若手作家の器たち

もえぎ城内坂店

もえぎじょうないざかてん

30～40代の若手作家の作品を多数扱うお店。作品は2週間ごとに入れ替わるため、常に新しい作家との出会いが期待できる。木工やガラス製品なども展示している。

☎0285-72-6003
益子町城内坂150
10:00～18:00
休 金曜不定休
P あり
真岡鐵道益子駅から徒歩15分
MAP 119 A-2

人気のヒミツ

シンプルで色彩の美しい、もえぎならではの器を見つけられます。

ゆったりと作品を配したモダンで心地よい店内

田尾明子さん作のスープカップ2200円～

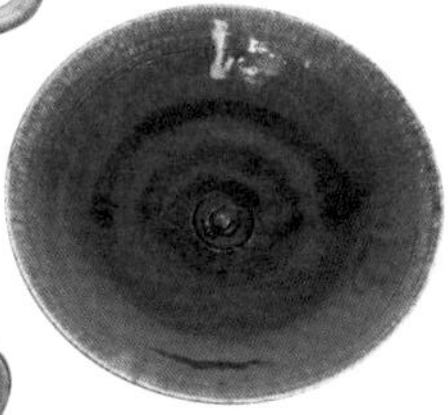

阿久津忠男さん作の瑠璃釉皿3960円～

菅谷太良さん作のマグカップ2090円～、ソーサー1870円～

益子のメインストリート、城内坂通りには22の販売店が軒を連ねます。歩道は整備されていて歩きやすいですよ。

myことりっぷ

益子焼を知るには美術館と体験がおすすめです

5棟の趣ある展示館をめぐる美術館では、
季節の花々も楽しみながら、のんびりと益子焼や工芸品を見学できます。
陶芸体験では無心になって益子の土にふれてみましょう。

1

2

3

4

5

6

7

1緑に囲まれた濱田庄司館 2大谷石でできた石蔵 3敷地内には遊歩道も 4濱田自らデザインした、美へのこだわりを感じさせるランプシェード 5移築した長屋門のエントランス 6創作活動を行なった工房。奥には登り窯もある 7コレクションは屋外にも展示されている

人間国宝、濱田庄司の“美”を知る美術館

濱田庄司記念益子参考館

はまだしょうじきねんましこさんこうかん

実用品だった益子焼を芸術品の域にまで高めたことで知られる陶芸家・濱田庄司。自宅や工房の一部を活用した美術館に、彼が作陶の参考にした世界の工芸品やゆかりの品々を多数展示する。

美術館 ♪0285-72-5300
益子町益子3388
9:30～16:30 休月曜（祝日の場合は翌日休）、展示替え期間
¥入館料1000円 Pあり バス停益子参考館入口からすぐ
MAP 119 B-1

陶芸家の暮らした空間で

濱田庄司の別邸「上《うえ》ん台」では、貴重なウィンザーチェアやテーブルセットなど収蔵品を体験できる。コーヒー、抹茶、さんぴん茶など（有料）。

焼きものを見る目が変わるかも

陶芸体験の所要時間は約1時間。準備は不要なのでぜひチャレンジしてみて。作りたい形をイメージしておくと、スムーズに作れます。

1 土をのばす

ろくろを使い、縦にのばした土に親指を入れ、内側から横に広げて形を作っていく。

2 形づくり

内側と外側から形と厚さを整える。気の抜けないいちばんのポイント。

3 切り離し

できあがったら、糸を使ってろくろから切り離す。糸はまっすぐ引いて。

4 上皿を作る

土を皿の形に薄くのばして、人差し指をあてて波形のアクセントをつける。

完成！

後日、穴あけ加工や好みの模様を付けてもらい、約2か月後に送付される。

初めてでも安心な窯元での陶芸体験

益子焼陶芸体験教室 よこやま

ましこやきとうげいたいけんきょうしつよこやま

ろくろや手びねりで、自分好みの器作りを体験できる工房。ショップやカフェなどを併設しており、体験後は休憩もできる。

体験教室 ☎0285-72-9211 ⌂益子町益子3527-7 ⏲9:00〜15:00（閉店は17:00）、要予約 休月曜（祝日の場合は営業） Pあり 真岡鐵道益子駅から徒歩20分（益子駅から送迎あり、要予約） MAP 119 B-1

ろくろ体験
作品2〜3個セット
4400円（送料別）

30分で5〜6作品を作り、その中から2〜3個を選んで焼き上げる。完成品は後日送付してくれる。

体験メニュー

オカリナ笛絵付け体験 …1500円

プレート作り体験…1500円〜

陶器は焼き上がると20%ほど小さくなります。少し大きめを意識して作りましょう。

益子の自然とともに味わう ヘルシーランチ

**自然豊かな益子には、料理とともに
緑や風を味わえるお店が多くあります。
心地よくておいしいランチタイムを過ごしてみませんか。**

緑あふれる隠れ家風レストラン

益子 森のレストラン

ましこもりのレストラン

雑木林の中にひっそりとたたずむ隠れ家風のカフェレストラン。季節のパスタや和牛ともち豚肉を使った自家製手ごねハンバーグなど、多彩な手づくり料理が自慢。本格的ながら、どこかほっとするやさしい味わいは何度でも食べたくなる。ランチセットには、野菜をふんだんに取り入れた日替わりの前菜プレートが付く。

0285-70-2223 益子町益子4037 11:00～15:30
休 金曜（祝日の場合は前日休） P あり
真岡鐵道益子駅から車で10分 MAP 119 B-1

menu
季節のパスタランチセット（前菜付き） 1925円
自家製手ごねハンバーグ 2035円

1 旬の食材を使った日替わりパスタランチ1925円 2 四季折々の景色が楽しめるテラス席 3 種類豊富なパスタは毎日替わる 4 季節替わりの手づくりスイーツ 5 ドリンクバーは益子焼きのカップで提供 6 地元産野菜たっぷりの前菜 7 森にたたずむ一軒家カフェ

出かける前に営業日の確認を

営業が夕方までのお店が多いため、利用はランチやスイーツで。イベント開催の場合は臨時休業もあるので、ウェブサイトで確認して。

森の中にたたずむ
開放感あるピッツェリア

茶屋雨巻《ちゃやあままき》

益子で一番高い山、雨巻山のふもとにある山小屋風のカフェ。手づくりの石窯で焼くナポリピッツァがメインで、メニューは20種類ほどそろう。石窯で焼いた自家製ナンが付くココナッツカレーも人気が高い。雨巻山の緑を感じながら、オープンテラスでのんびり過ごして。

☎0285-77-5354 ⌂益子町上大羽1234
🕐11:30～14:30 休 月・火曜 P あり
‼真岡鐵道益子駅から車で15分
MAP 付録③ C-3

menu
ランチセット(前菜+ピッツァ+ドリンク)
平日1650円～ 週末2450円～

1 石窯ナポリピッツァ 季節のピッツァ。石窯焼きならではの香ばしさと、もっちりした生地が特長 2 前菜やグリル料理も。おすすめは黒板をチェック 3 開放的なオープンテラス。天気の良い日はガーデンで食事も可能

1 おばあちゃん家の茶の間のような心地よさ。食材や調味料の販売も。 2 つづり定食1150円。惣菜4品に玄米ご飯、味噌汁、漬物付き 3 森の中に静かにたたずむ古民家

menu
つづり定食
1150円
本日のケーキ
380円～

美味しい地元素材を
体にやさしいお料理で

つづり

里山の麓にある小さな古民家食堂。肉や魚、卵を一切使わず、天然調味料で調理した玄米菜食のランチを、温もりのある器で提供。週替わりの惣菜は、素材の味を損なわない少し濃いめの味付け。日替わりケーキとドリンクもあるほか、店内では器や布もの、雑貨などの販売も。

☎0285-70-8820 ⌂益子町益子4135
🕐11:30～17:00(材料がなくなり次第閉店) 休 日～火曜 P あり
‼真岡鐵道益子駅から車で5分
MAP 119 B-1

益子には陶芸家が経営するカフェも多く、作品と同様におしゃれで個性的なお店が多いのもうなずけます。

もちろん器にもこだわってます 益子のとっておきカフェ

おしゃれなカフェが多いのも益子の魅力。
陶器の街らしく器選びにもこだわる、
個性派カフェを集めてみました。

1豚肩ロース肉の低温ローストは前菜、サラダ、ライス、ドリンク付き1450円 2ウッディーな内装 3シナモンロールなどコーヒーに合うスイーツも

心身ともに癒される温かい雰囲気のカフェ

Cafe Novel

カフェノベル

古材や流木を使った店内は、ノスタルジックな雰囲気。テーブル席のほか、小上がり席もあるので、ゆっくり過ごせる。地元益子で育てられた野菜をふんだんにとりいれた料理を、益子の器で提供している。

☎0285-81-3737
住所 益子町益子3355-1 営業時間 11:30～17:00
休 水・日曜 P あり
交通 バス停益子参考館入口からすぐ
MAP 119 B-1

1プレートランチ1300円（ドリンク付き）のライスはヘルシーな黒米入り 2ランチを注文するとスイーツが50円引きに 3やわらかな自然光が降り注ぐゆったりとした雰囲気の店内。小上がり席もあり、のんびりくつろげる

地産地消にこだわった料理が自慢

カフェ ましこびと

黒く塗られた外壁が目印。周囲にはのどかな田園風景が広がり、山々の美しい緑が望める。ここで楽しめるのは自家栽培の米や野菜、地元の赤玉卵を使った手づくり料理やスイーツ。夏はご当地グルメ「ビルマ汁」も味わえる。

☎0285-81-3081
住所 益子町上大羽496-1 営業時間 11:00～16:00
休 土曜、第1・3木曜 P あり
交通 真岡鐵道益子駅から車で12分
MAP 119 C-2

器をめでるおもしろさも

土のぬくもりを感じさせる素朴な益子焼は、パスタやスイーツなど洋風のメニューにも意外に合います。盛り付けの美しさも楽しんで。

1ボリューム満点の月替わりプレートランチ1500円（ランチは～15:00）2ホットジンジャーなどドリンクも豊富 3ほっとひと息つける心地よい店内

野菜たっぷりの手づくりアジア料理

カフェ・ギャラリー 作坊吃

カフェギャラリーゾーファンチィ

人里離れた森の中に隠れるようにたたずむ古民家カフェ。屋台を思わせるオープンキッチンなど、アーティストが手がけたという店内の空間が個性的。地元で採れた新鮮野菜やハーブを使った、スパイシーなアジア料理が楽しめる。

☎0285-72-3606
益子町上大羽2455 🕒11:00～17:00
休 水～金曜 P あり
真岡鐵道益子駅から車で17分
MAP 付録③ C-3

1益子焼の器に盛り付けられた、えびのトマトクリームパスタ1020円（サラダ、スープ付きセットは1480円）2天井が高く、広々とした店内 3店内の一角にショップを併設しており、隣の工房で作る陶器のショッピングも楽しめる

オリジナルの器で味わう多彩な料理

壺々炉

こころ

多くの陶器店が立ち並ぶ城内坂にあり、店内のギャラリーでは定期的に陶芸作家の展覧会を催している。メニューはパスタや人気のステーキのほか、手づくりスイーツも充実。ケーキやスイートポテトと共にティータイムはいかが。

☎0285-72-2261
益子町城内坂138
🕒10:30～16:00 休 不定休 P あり
真岡鐵道益子駅から徒歩16分
MAP 119 B-2

紹介したカフェの多くは町の中心から離れているので、レンタサイクルか車で行くのがおすすめです。

オンリーワンが見つかる
益子の個性派グッズ

**陶器以外にも益子のおみやげはいろいろあります。
街を歩けば個性的なショップがあちこちに……。
きっとお気に入りの一品が見つかることでしょう。**

**デミタス
3080円**
陶芸作家・若菜綾子さんのカップ。鎬（しのぎ）技法を用いて、表面を彫刻刀で削っている

**箸置き
550円～**
小鳥や花をモチーフにした箸置きは、オブジェとして飾っておきたくなる

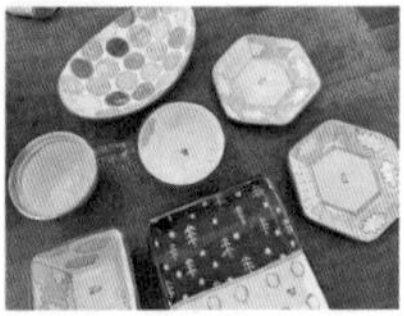

**カラフルな器（各種）
2420円～**
陶芸作家・横山知加子さんの優しい色合いがかわいい器

キューブ（1個）500円～
数や並べかたでインテリアに合わせたアレンジができる

**鳥の形の植木鉢
3500円**
かわいらしい植木鉢に山野草を植え込んだ、真山さんならではの作品

**モスピヨ
（セット）
3000円**
素焼きの器が水を吸い上げてくれるのでお手入れも簡単

かわいらしい手作り雑貨がいっぱい

G+OO －G plus two naughts－

ジープラスツーノウツ

オーナーの目利きによるアート小物や、作家ものの手づくり雑貨が店内にずらり。ひと味違った個性的な陶器類も集められている。

雑貨・陶器 ☎0285-72-0098 住益子町城内坂115 営10:00～17:00 休水曜（祝日の場合は営業） Pあり 交真岡鐵道益子駅から徒歩17分 MAP119 B-2

城内坂の途中にある雑貨店。一点モノも多く、地元でも人気が高い

組み合わせと成長が楽しめるオブジェ

Mos Mos

モスモス

陶芸作家の真山茜さんのお店。素焼きの器に苔を植え込み顔をつけた「モスピヨ」が人気。表情や焼き色がすべて違い、選ぶ楽しみがある。

植栽小物・陶器 ☎090-2727-3820（真山） 住益子町城内坂126 営10:00～17:00 休月～金曜（臨時休業あり、TELで確認を） Pあり 交真岡鐵道益子駅から徒歩17分 MAP119 B-2

イラストをあしらった看板が目印。春と秋の陶器市期間中は毎日営業

ハイセンスな町、益子

感性豊かな陶芸作家が全国から集まる益子。雑貨店や飲食店が多いのは、アートがつねに人々の生活の周近にあるからなのです。

スープ碗 各1760円
小峰窯オリジナルのスープ椀。浅めにつくられているのでティーカップとしても

植木ポット2750円
気持ち良さそうにのびをする猫に心を掴まれるokazooさんの作品

齋藤奈月(gramme.)さんのうつわ
ポップな雰囲気とレトロな味わいは、テーブルのアクセントになってくれそう

器同士のハーモニーを大切に

小峰窯・nagi

こみねがまナギ

陶芸体験ができる小峰窯のセレクトショップ。仕切りのない空間に配置されたテーブルには、益子をはじめ近隣エリアの焼き物がずらり。

ひとつの食卓に多彩なお皿を並べられるよう、うつわ同士の相性を考えてセレクト

セレクトショップ
☎0285-72-6311
住 益子町益子3169-1
時 10:00～17:00 休 水曜
P あり 🚶真岡鐵道益子駅から車で7分 MAP 119 B-2

苺のお酒(500ml) 1400円
益子産の苺「とちおとめ」の甘いジャムのような香り

甘酒ソフトクリーム 400円
酒粕から作った自家製甘酒を使い、後味さっぱり

蔵元美人 コメ油 化粧オイル(60ml) 1100円、蔵元美人 白米発酵まろみ石けん(100g) 1100円
酒造りに使われる有機栽培米が原料の、しっとりなめらかな日本酒の化粧品

リキュールやコスメも扱う老舗の造り酒屋

外池酒造店

とのいけしゅぞうてん

清酒「燦爛《さんらん》」を造る酒蔵内ではお酒や益子の名産品を扱うほか、酒蔵をおしゃれに改装したカフェがある。フルーツのお酒（リキュール）も女性客に喜ばれている。

仕込み水のコーヒーや酒かすのスイーツも楽しめる

酒・化粧品 ☎0285-72-0002
住 益子町塙333-1 時 9:00～17:00（カフェは～16:30）休 無休 P あり 🚶真岡鐵道益子駅から徒歩15分 MAP 付録③ C-3

作家もののアート雑貨やアレンジされた陶器は一点ものが多いので、気に入ったら迷わず買いですよ。

myことりっぷ

レトロなムードの真岡門前さんぽ

古い建物をリノベートした
雑貨店やカフェが増えている門前地区。
のんびり歩いてお店めぐりはいかが？

ぐるっと回って 4時間

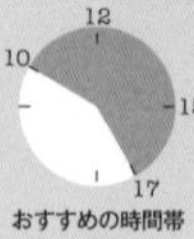

おすすめの時間帯

真岡駅から門前地区へは徒歩15分ほどの距離。狭いエリアなので、お店間の移動はそれぞれ1分程度です。「BEKKAN」は日曜、祝日のみの営業なので注意しましょう。

1昭和の雰囲気が残る町並み 2ずらりと並んだ織り機にはカラフルな糸が 3繊細な手作業で織られていく真岡木綿 4古き良き時代を感じられる、Trattoria COCOROの建物 56GOURD+mでは、ヨーロッパの軍隊で使用されていたデッドストックの洋服のほか、ソックスも販売

1 真岡木綿の歴史を受け継ぐ

真岡木綿会館

もおかもめんかいかん

昔からの伝統をふまえ、手紡ぎ手織りの真岡木綿。館内では木綿製品の販売や、工房での製造工程が予約なしでも見学できる。所要時間約30分の機織りや染色体験（要予約）もある。

真岡木綿のすべてが学べる

複合施設 0285-83-2560 真岡市荒町2162-1 10:00～17:00（工房は～16:00）休火曜（祝日の場合は翌日休）¥入館無料（機織り体験700円、染色体験700円～）Pあり 真岡鐵道真岡駅から徒歩15分 MAP117

2 真岡の野菜をふんだんに使用

Trattoria COCORO

トラットリアココロ

フレンチをベースにしたイタリアンのお店。窓が大きく開放感のある店内で、ゆっくりと食事が楽しめる。カフェではドルチェも。

パスタは8種類＋リゾットから選べる

レストラン 0285-84-8008 真岡市荒町1105-1 久保記念観光文化交流館 カフェ10:00～17:00／レストラン11:30～14:00（土・日曜、祝日は11:30～14:30）、17:00～20:00 休火曜 Pあり 真岡鐵道真岡駅から徒歩15分 MAP117

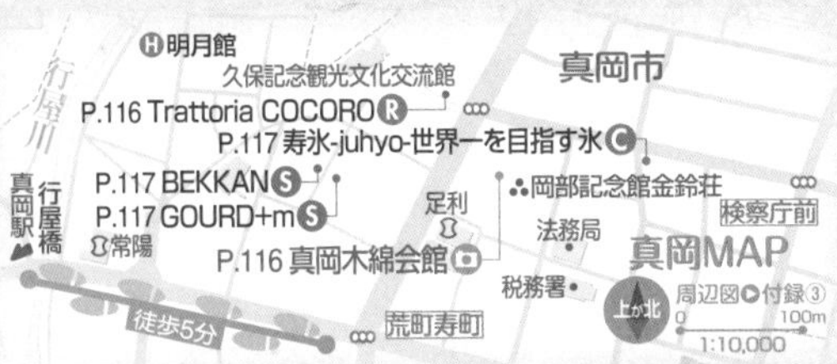

門前ってどこのこと？

大正〜昭和時代に長蓮寺と般若寺の門前町として栄えたエリアは、花街としてにぎわい、その名残のある町並みが注目されています。

日常づかいしたい雑貨やアパレルをセレクト。2階では洋服を販売

3 温もりある手仕事雑貨店

GOURD+m《ゴウドプラスエム》

芸者置屋の建物をリノベーションした雑貨店。県内の陶芸家や木工作家の一点ものを扱う。土の温もりを感じる陶器など、近隣で活動する作家の作品なども販売。

趣のある外観が目を惹く建物

雑貨 ☎0285-81-5673
真岡市荒町1040-5 12:00〜17:00 休 月・水・木曜
P なし 真岡鐵道真岡駅から徒歩12分 MAP 117

4 高さ40センチのかき氷

寿氷-juhyo-世界一を目指す氷《じゅひょうせかいいちをめざすこおり》

約40cmの高さに驚くかき氷を、通年提供している。素材そのままの味わいが広がるシロップと、削りたての氷との相性も抜群。真摯な仕事にファンも多い。

かき氷 ☎非公開 真岡市荒町5161 11:00〜18:00（日によって異なる） 休 不定休 P あり 真岡鐵道真岡駅から徒歩15分 MAP 117

1 なつおとめ2200円（時期により変動あり）。提供期間は、素材が手に入る5〜11月のみ 2 壁いっぱいに貼られたメニュー表も見もの 3 注文が入ってからフルーツをカットしてシロップを作る

アンティークな棚に個性的なアイテムが並ぶ

Makiさん作の革ひもとチェーンの2連ブレスレット1800円ほか

5 センスが光るセレクトショップ

BEKKAN《ベッカン》

店主お気に入りのアーティストによるハンドメイドの雑貨や衣服、器、アクセサリーがずらりと並ぶ。なかでもポストカードは200種を超えるという充実した品ぞろえ。

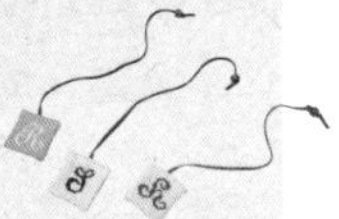

イニシャル刺繍ブックマーカー各750円

雑貨 ☎090-9322-9845 真岡市荒町1040
12:00〜17:00 休 月〜土曜（祝日は臨時営業あり）
P なし 真岡鐵道真岡駅から徒歩13分
MAP 117

真岡木綿のグッズをおみやげにするなら、真岡木綿会館売店、久保記念観光文化交流館の観光物産館で購入できますよ。MAP 117

美しい自然に囲まれた宿で のんびり益子の休日

緑の豊かな里山に囲まれた益子に宿泊すると、
夜は静かで心が安らぎ、朝の気分も爽やかです。
時間に追われず、ゆっくりと過ごしましょう。

1

2

4

3

1石畳に沿って美しい円弧を描く建物 **2**シンプルな装いの客室 **3**ロフト付きの客室もある **4**宿泊施設「フォレストイン益子」のある「フォレスト益子」は、益子の自然や歴史文化を紹介する展示室や、天体観測施設などを併設した複合施設。益子県立自然公園の入り口に位置している

美しい緑地公園内にある公共の宿

フォレストイン益子 フォレストインましこ

町の中心部に近い益子の森の一角にある、素泊まり専用の宿泊施設。著名な建築家の設計による、周囲の自然と調和した建物が魅力で、ゆったりと気ままに過ごせる。

宿泊施設 ☎0285-70-1661
益子町益子4231（フォレスト益子内） IN15:00〜22:00、OUT10:00 室 洋10 P あり
真岡鐵道益子駅から車で10分 MAP 119 B-2

料金プラン
1室2名利用素泊まり
6050円〜

益子県立自然公園 益子の森

ましこけんりつしぜんこうえんましこのもり

なだらかな丘陵地に広がる広大な里山林。散策路沿いには樹木や野鳥の解説板も設置され、のんびりと自然観察が楽しめる。春の桜や紅葉の名所としても知られている。

緑地・公園 ☎0285-81-9001（栃木県県東環境森林事務所）住所 益子町益子 時間 入園自由 P あり 交通 真岡鐵道益子駅から車で10分 MAP 119 C-2

益子の森も、のんびりおさんぽ♪

広大な公園内では四季折々の美しい自然の風景が楽しめます

ごはんはコチラで

新鮮な魚と和食が自慢

創作料理 暁

そうさくりょうりあかつき

函館直送の魚介と地元産の野菜を使った料理がいただける。「フォレストイン益子」に隣接し、夜のみの営業だが、朝食の予約も可能。

和食 ☎0285-81-6767 住所 益子町益子4231（フォレスト益子内）時間 17:30～21:30 ※朝食（日曜日のみ・8:00～）は要予約 休 水曜 P あり 交通 真岡鐵道益子駅から車で10分 MAP 119 B-2

1 函館直送天然地魚のお造りの盛り合わせ1060円（1人前）2 外にテラス席もある

星空も楽しめます

澄み切った夜空を見上げよう

益子町天体観測施設スペース250

ましこまちてんたいかんそくしせつスペースにひゃくごじゅう

北関東最大の屈折望遠鏡を備えており、天体観測指導員の詳しい解説をまじえながら、美しい星空を観察できる。定期的に観望会イベントも催されている。

天体観測施設 ☎0285-70-3305（フォレスト益子）住所 益子町益子4231（フォレスト益子内）時間 9:00～21:00（7日前までに要予約）休 水曜 ¥ 400円（利用は5名以上／イベント時は除く）P あり 交通 真岡鐵道益子駅から車で10分 MAP 119 B-2

静かな里山の夕暮れ、美しい夜空、気分爽快な朝。益子に泊まる休日は、きっと心がリフレッシュしますよ。

日光・那須・栃木・益子へのアクセス〈鉄道・バス〉

目的地までの移動だって、もちろん旅の一部。
スムーズで快適な乗り物を利用して
旅を楽しくスタートさせましょう。

東京から各エリアへ

都心からは特急で。行き先によって出発駅が異なる

日光・鬼怒川・栃木へは、新宿発のJR・東武直通の特急か、浅草発の東武線の特急を利用するのが便利。那須・宇都宮へはJRで、益子・真岡へは秋葉原からつくばエクスプレスを利用するとスムーズです。

どこへ	なにで？	ルート	所要	ねだん
日光へ	鉄道	**新宿駅**→JR・東武直通特急「日光」「スペーシア日光」→**東武日光駅**	1時間55分	4090円
	鉄道	**新宿駅**→JR・東武直通特急「きぬがわ」「スペーシアきぬがわ」→**下今市駅**→東武日光線→**東武日光駅**	1時間55分～2時間5分	4090円
	鉄道	**浅草駅**→東武特急「スペーシアX」「けごん」「リバティけごん」→**東武日光駅**	1時間45～55分	3050円※注
	鉄道	**浅草駅**→東武特急「スペーシアX」「きぬ」「リバティ会津」→**下今市駅**→東武日光線→**東武日光駅**	1時間50分～2時間	3050円※注
那須へ	鉄道	**東京駅**→JR東北新幹線「なすの」(一部「やまびこ」)→**那須塩原駅**	1時間5～15分	6020円
	鉄道	**東京駅**→JR東北新幹線「なすの」(一部「やまびこ」)→**那須塩原駅**→JR東北本線→**黒磯駅**	1時間10～20分	6460円
	バス	**バスタ新宿(新宿駅新南口)**→JRバス関東ほか「那須・塩原号」→**那須湯本温泉(那須温泉)**	4時間	3800円
栃木へ	鉄道	**新宿駅**→JR・東武直通特急「日光」「スペーシア日光」「きぬがわ」「スペーシアきぬがわ」→**栃木駅**	1時間15分	3050円
	鉄道	**浅草駅**→東武特急「スペーシアX」「きぬ」「けごん」「リバティけごん」「リバティ会津」→**栃木駅**	1時間5～15分	2250円※注
足利へ	鉄道	**浅草駅**→東武特急「りょうもう」「リバティりょうもう」→**足利市駅**	1時間15～25分	2050円※注
	鉄道	**東京駅**→JR宇都宮線(上野東京ライン)→**小山駅**→JR両毛線→**足利駅**	2時間5～35分	1980円
鹿沼へ	鉄道	**新宿駅**→JR・東武直通特急「日光」「スペーシア日光」「きぬがわ」「スペーシアきぬがわ」→**新鹿沼駅**	1時間30分	3630円
	鉄道	**浅草駅**→東武特急「スペーシアX」「きぬ」「けごん」「リバティけごん」「リバティ会津」→**新鹿沼駅**	1時間20～30分	2680円※注
宇都宮へ	鉄道	**東京駅**→JR東北新幹線「やまびこ」「なすの」→**宇都宮駅**	50～55分	5020円
	鉄道	**東京駅**→JR宇都宮線(上野東京ライン)→**宇都宮駅**	1時間40分～2時間	1980円
	鉄道	**新宿駅**→JR湘南新宿ライン→**宇都宮駅**	1時間40分～2時間5分	1980円
益子へ	鉄道	**秋葉原駅**→つくばエクスプレス快速・区間快速→**守谷駅**→関東鉄道常総線→**下館駅**→真岡鐵道→**益子駅**	2時間15分～3時間25分	2930円
	鉄道	**東京駅・新宿駅**→JR宇都宮線(上野東京ライン)・湘南新宿ライン→**小山駅**→JR水戸線→**下館駅**→真岡鐵道→**益子駅**	2時間40分～3時間15分	2470円
	バス	**秋葉原駅**→茨城交通バス「関東やきものライナー」→**益子駅**	2時間30分	2250円
真岡へ	鉄道	**秋葉原駅**→つくばエクスプレス快速・区間快速→**守谷駅**→関東鉄道常総線→**下館駅**→真岡鐵道→**真岡駅**	1時間55分～2時間45分	2710円
	鉄道 バス	**東京駅・新宿駅**→JR宇都宮線(上野東京ライン)・湘南新宿ライン→**石橋駅**→関東自動車バス 石橋～真岡線→**真岡市役所前**	2時間10～55分	2520円

※注:浅草発の特急「スペーシアX」「リバティりょうもう」を利用する場合はねだんが異なります。

マークの説明 鉄道 バス

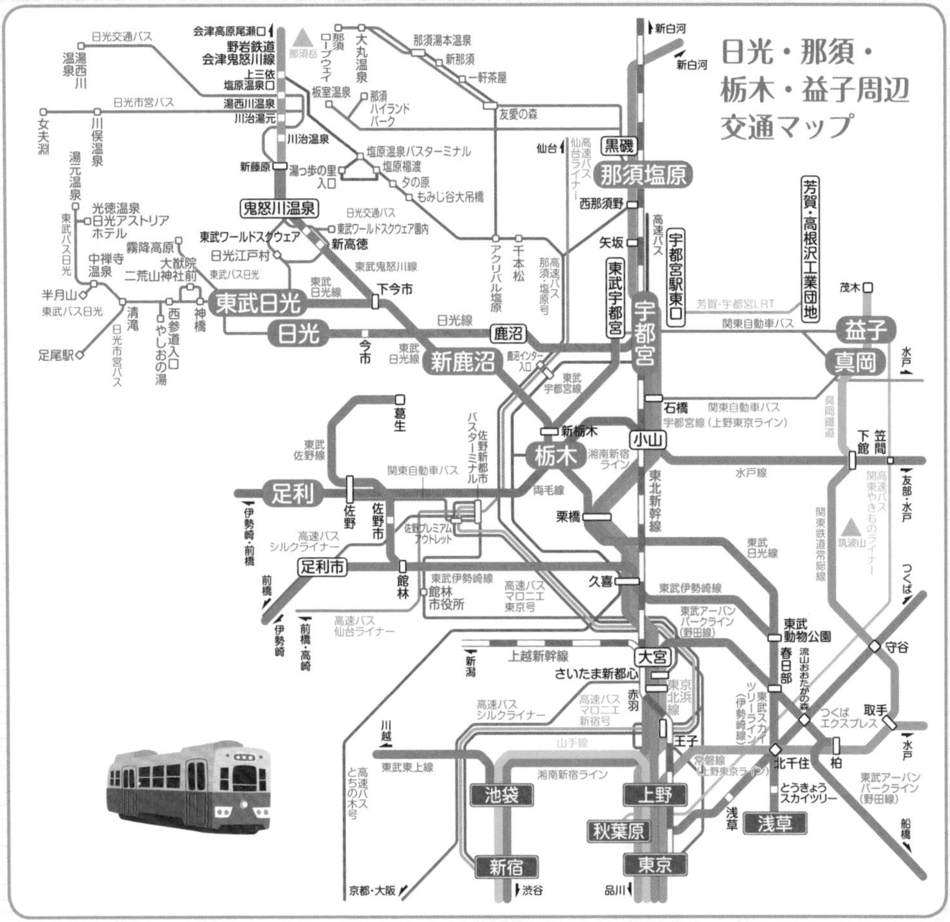

問い合わせ先

JR東日本お問い合わせセンター‥ ☎050-2016-1600
東武鉄道お客さまセンター‥‥‥‥ ☎03-5962-0102
野岩鉄道 ‥‥‥‥‥‥‥‥‥‥ ☎0288-77-2355
真岡鐵道 ‥‥‥‥‥‥‥‥‥‥ ☎0285-84-2911
関東鉄道 ‥‥‥‥‥‥‥‥‥‥ ☎029-822-3718

TXコールセンター
（つくばエクスプレス）‥‥‥‥‥‥ ☎0570-000-298
茨城交通笠間営業所 ‥‥‥‥‥‥ ☎0296-72-0141
JRバス関東（那須・塩原号） ‥‥‥ ☎0570-048905
関東自動車‥‥‥‥‥‥‥‥‥‥ ☎0570-031831

料金・データは2023年11月現在のものです。お出かけの際には最新の時刻表などでご確認ください。

日光・那須塩原・宇都宮を拠点にクルマで各エリアへ

エリア間の移動は、電車&バスだと直通ルートが少ないので、レンタカーがおすすめです。
レンタカーは、日光駅前や那須塩原駅、宇都宮駅周辺にありますので、
これらの駅を起点に、各エリアへ移動する計画を立てましょう。

日光駅前から各エリアへ

どこへ	ルート	所要
那須へ	国道119号→[日光IC]→日光宇都宮道路→[宇都宮IC]→東北自動車道→[那須IC]→県道17号→那須(道の駅 那須高原友愛の森)	1時間10分
栃木へ	国道119号→[日光IC]→日光宇都宮道路→[宇都宮IC]→東北自動車道→[栃木IC]→県道32号→栃木(栃木市役所)	1時間
足利へ	国道119号→[日光IC]→日光宇都宮道路→[宇都宮IC]→東北自動車道→[岩舟JCT]→北関東自動車道→[足利IC]→国道293号→足利(足利学校)	1時間20分
鹿沼へ	国道119号→[日光IC]→日光宇都宮道路→[土沢IC]→国道121号→鹿沼(鹿沼市役所)	40分
宇都宮へ	国道119号→[日光IC]→日光宇都宮道路→[宇都宮IC]→国道119号→宇都宮(東武宇都宮駅)	45分
益子へ	国道119号→[日光IC]→日光宇都宮道路→[宇都宮IC]→国道119号・123号・121号→益子(益子駅)	1時間20分
真岡へ	国道119号→[日光IC]→日光宇都宮道路→[宇都宮IC]→国道119号・4号→[宇都宮上三川IC]→北関東自動車道→[真岡IC]→県道47号→真岡(真岡市役所)	1時間15分

那須塩原駅前から各エリアへ

どこへ	ルート	所要
日光へ	県道53号・55号→[西那須野塩原IC]→東北自動車道→[宇都宮IC]→日光宇都宮道路→[日光IC]→国道119号→日光(日光東照宮)	1時間10分
栃木へ	県道53号・55号→[西那須野塩原IC]→東北自動車道→[栃木IC]→県道32号→栃木(栃木市役所)	1時間10分
足利へ	県道53号・55号→[西那須野塩原IC]→東北自動車道→[岩舟JCT]→北関東自動車道→[足利IC]→国道293号→足利(足利学校)	1時間30分
鹿沼へ	県道53号・55号→[西那須野塩原IC]→東北自動車道→[鹿沼IC]→国道121号→鹿沼(鹿沼市役所)	1時間10分
宇都宮へ	県道53号・55号→[西那須野塩原IC]→東北自動車道→[宇都宮IC]→国道119号→宇都宮(東武宇都宮駅)	1時間10分
益子へ	県道53号・55号→[西那須野塩原IC]→東北自動車道→[矢板IC]→国道4号→県道181号・69号・255号→国道121号→益子(益子駅)	1時間30分
真岡へ	県道53号・55号→[西那須野塩原IC]→東北自動車道→[矢板IC]→国道4号・408号→県道46号→真岡(真岡市役所)	1時間30分

宇都宮駅前から各エリアへ

どこへ	ルート	所要
日光へ	県道63号→国道119号→[宇都宮IC]→日光宇都宮道路→[日光IC]→国道119号→日光(日光東照宮)	50分
那須へ	県道63号→国道119号→[宇都宮IC]→東北自動車道→[那須IC]→県道17号→那須(道の駅 那須高原友愛の森)	1時間10分
栃木へ	県道4号→[鹿沼IC]→東北自動車道→[栃木IC]→県道32号→栃木(栃木市役所)	45分
足利へ	県道4号→[鹿沼IC]→東北自動車道→[岩舟JCT]→北関東自動車道→[足利IC]→国道293号→足利(足利学校)	1時間10分
鹿沼へ	県道4号→国道121号→鹿沼(鹿沼市役所)	40分
益子へ	県道1号→国道123号・408号・121号→県道46号→益子(益子駅)	45分
真岡へ	県道1号→国道123号・408号→県道46号→真岡(真岡市役所)	50分

日光・那須・宇都宮周辺
主要観光時間、所要時間と距離 MAP

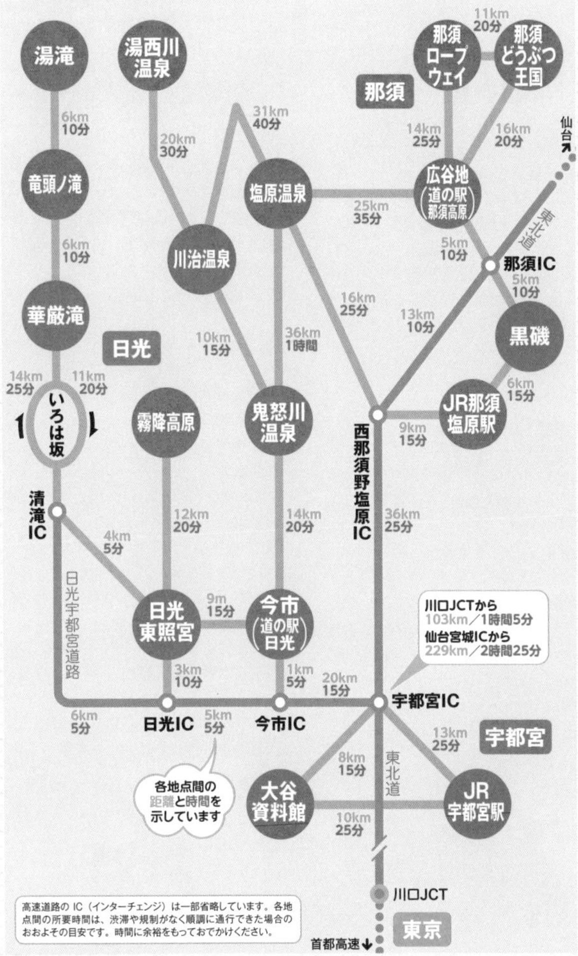

冬に閉鎖される道路も

冬期閉鎖がある道路の閉鎖期間は例年11月下旬～4月下旬。通行可能でも路面凍結や積雪の日があるので注意しましょう。

クルマでのアクセス

東北自動車道がメインルート。日光・鬼怒川方面へは宇都宮ICから日光宇都宮道路へ。宇都宮・鹿沼へは宇都宮ICか鹿沼IC、栃木へは栃木IC、足利へは岩舟JCTから北関東自動車に入り、足利ICを利用します。益子・真岡へは、栃木都賀JCTから北関東自動車道へ入り、真岡ICで下ります。都心から東北自動車道へは、東京外環自動車道か首都高経由で入りましょう。

道路情報や通行料金などの問い合わせ先

日本道路交通情報センター（栃木情報）
・・・・・・・・・・・・・・・・ ☎050-3369-6609

NEXCO東日本お客さまセンター
（東北・関越・北関東自動車道ほか）
・・・・・・・・・・・・・・・・・・ ☎0570-024-024

栃木県道路公社（日光宇都宮道路ほか）
・・・・・・・・・・・・・・・・・・ ☎0288-32-2325

「日光いろは坂」「湯の香ライン」「中禅寺湖スカイライン」など栃木県には紅葉を楽しめるドライブルートがたくさんあります。

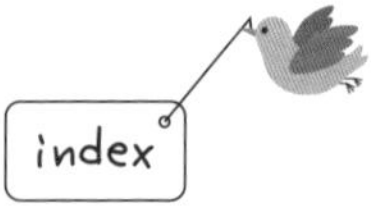

日光　中禅寺湖

那須　黒磯

あ

か

さ

た

な

は

ら

みどころ Ⓡ レストラン Ⓒ カフェ Ⓢ ショップ Ⓗ ホテル 温泉

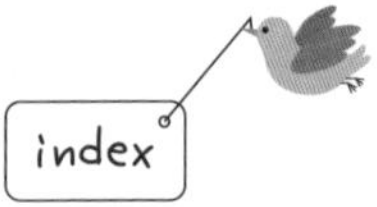

栃木市・足利・鹿沼・宇都宮

益子・真岡

📷 みどころ Ⓡ レストラン Ⓒ カフェ Ⓢ ショップ Ⓗ ホテル ♨ 温泉

ことりっぷ co-Trip

日光・那須

栃木・益子

STAFF
●編集
ことりっぷ編集部
くらしたび(志水竜一)
クレッシェント
(せんぼんちあき、浅子百合)
●取材・執筆
ニューキャスト
クレッシェント
(せんぼんちあき、渡部亜矢、浅子百合)、
藤澤幹人、秋田範子、森本勝哉
アイドマ編集室(外岡実)
●撮影
河上真純、坏邦信、小菅聡一郎、
青江崇、風岡さと子、半田敏、田村洋一、
廣瀬貴礼、石川綾子、田中亜玲、清水ちえみ
●表紙デザイン
GRiD
●フォーマットデザイン
GRiD
●キャラクターイラスト
スズキトモコ
●本文デザイン
GRiD、ARENSKI
●DTP制作
明昌堂
●地図制作協力
エムズワークス
●校正
田川企画
●協力
関係各市町観光課・観光協会、
関係諸施設
PIXTA

2024年2月1日　5版1刷発行

発行人　川村哲也
発行所　昭文社
本社:〒102-8238 東京都千代田区麹町3-1
♪0570-002060(ナビダイヤル)
IP電話などをご利用の場合は♪03-3556-8132
※平日9:00～17:00(年末年始、弊社休業日を除く)
ホームページ:https://www.mapple.co.jp/

●掲載データは、2023年10～11月の時点のものです。変更される場合がありますので、ご利用の際は事前にご確認ください。消費税の見直しにより各種料金が変更される可能性があります。そのため施設により税別で料金を表示している場合があります。なお、感染症に対する各施設の対応・対策により、営業日や営業時間、開業予定日、公共交通機関に変更が生じる可能性があります。おでかけになる際は、あらかじめ各イベントや施設の公式ホームページ、また各自治体のホームページなどで最新の情報をご確認ください。また、本書で掲載された内容により生じたトラブルや損害等については、弊社では補償いたしかねますので、あらかじめご了承のうえ、ご利用ください。
●電話番号は、各施設の問合せ用番号のため、現地の番号ではない場合があります。カーナビ等での位置検索では、実際とは異なる場所を示す場合がありますので、ご注意ください。
●料金について、入場料などは、大人料金を基本にしています。
●開館時間・営業時間は、入館締切までの時刻、またはラストオーダーまでの時刻を基本にしています。
●休業日については、定休日のみを表示し、臨時休業、お盆や年末年始の休みは除いています。
●宿泊料金は、基本、オフシーズンの平日に客室を2名1室で利用した場合の1人あたりの料金から表示しています。ただし、ホテルによっては1部屋の室料を表示しているところもあります。
●交通は、主要手段と目安の所要時間を表示しています。ICカード利用時には運賃・料金が異なる場合があります。
●本書掲載の地図について
測量法に基づく国土地理院長承認(使用)
R 5JHs 14-162236　R 5JHs 15-162236
R 5JHs 16-162236　R 5JHs 17-162236

ISBN 978-4-398-16223-6
定価は表紙に表示してあります。